Zu diesem Buch

Politische Ideen, die in früheren Jahren nur im engen Zirkel oder in der Samizdat-Presse, immer unter dem Risiko mehrjähriger Lagerstrafe, geäußert werden konnten, haben seit Glasnost und Perestroika Konjunktur. In der Bewegung der «informellen Gruppen» oder «Klubs» engagieren sich seit Gorbatschow Hunderttausende von Sowjetbürgerinnen und -bürgern für soziale, kulturpolitische und ökologische Probleme. Eine «Regenbogenbewegung» ist in der UdSSR entstanden, die die Perestroika beim Wort nimmt und «von unten» verwirklichen will. Am radikalsten äußert sie sich in den baltischen Republiken, wo aus der Verschränkung von Umweltengagement, demokratischem und nationalem Autonomiestreben kaum mehr aufzuhaltende Volksfronten entstanden sind. Die von Gorbatschow verordnete «Luft zum Atmen» wird allerdings nicht nur von jenen genutzt, die die Perestroika als «mehr Demokratie» für alle verstehen, sondern ebenso von Skinheads oder einer Gruppe wie «Pamjat», die für ein chauvinistisches Russentum mit antisemitischen Tönen zu Felde zieht.

Auch eine Alternativbewegung im westlichen Sinne, die eigene «alternative» Lebensformen verwirklichen will, gehört heute zum Bild der Sowjetunion; doch ob «Grüne», «Rote», Rockfans oder Feministinnen, sie sind nicht einfach mit der entsprechenden bundesrepublikanischen Szene gleichzusetzen. Die Autoren, die in vielen Jahren durch Aufenthalte in der Sowjetunion ihre Kontakte geknüpft haben, beschreiben in differenzierten Einzel- und Gruppenporträts, was es heißt, in der heutigen Sowjetunion auszusteigen und ein selbstbestimmtes, anderes Leben zu führen.

Steffi Engert / Uwe Gartenschläger

Der Aufbruch: Alternative Bewegungen in der Sowjetunion

Perestroika von unten

rororo

Rowohlt

rororo aktuell
Herausgegeben von Ingke Brodersen

Originalausgabe
Redaktion Regina Carstensen

Veröffentlicht im Rowohlt Taschenbuch Verlag GmbH,
Reinbek bei Hamburg, Dezember 1989

Umschlagentwurf: Jürgen Kaffer/Peter Wippermann
(Foto: Wolfgang Staiger)
Satz Times (Linotronic 500)
Gesamtherstellung Clausen & Bosse, Leck
Printed in Germany
880-ISBN 3 499 12623 0

Inhalt

Perestroika «von unten»

Die Sowjetunion ist «in» heutzutage. Zum Verkaufsschlager wurden T-Shirts und Hosenträger mit den beiden Wörtern, die vom Russischen mittlerweile in die internationale Sprache eingegangen sind: «Glasnost» und «Perestroika». Reisen und Russischkurse haben Konjunktur. Wo früher die realsozialistische Monotonie und die augenscheinliche Aussichtslosigkeit positiver Veränderungen interesseloses Achselzucken, bestenfalls Solidarität mit dem Heroismus einzelner Menschenrechtskämpfer und -kämpferinnen hervorrief, begleiten heute Millionen in aller Welt die aktuelle Politik der Sowjetführung mit Hoffnung und Interesse. Mit dem charismatischen «jungen» Generalsekretär, der neues Denken nicht nur von den hochplaziertesten Rednerpulten der Welt verkündet, sondern durch spektakuläre Abrüstungsschritte und weitreichende innere Reformen zu realisieren versucht, löste sich das ehemalige «Reich des Bösen» in Nichts auf. Den kalten Kriegern im Westen läuft die Gefolgschaft davon, wie Umfrageergebnisse aus den wichtigsten westlichen Ländern belegen. Unübersehbar deutlich drückt sich dieser Trend in der Bundesrepublik aus – die ja, im übrigen, auch von den Sowjets als Wunschpartner auserkoren wurde. Der Besuch des Generalsekretärs der KPdSU und neugebackenen Präsidenten des Obersten Sowjet im Juni 1989 versetzte das ganze Land in einen wahren «Gorbi»-Rausch, für den Beobachter einzig in der Jahrzehnte zurückliegenden Reaktion auf J. F. Kennedy eine Vergleichsgröße finden konnten. Gorbatschow wurde abgefeiert, wie es sonst allenfalls Popstars oder deutschen Fußballmeistern widerfahren mag.

Aus einer gleichzeitig im *Spiegel* veröffentlichten Umfrage geht hervor, daß bei den Bundesdeutschen der Kremlchef nach dem Bundespräsidenten Weizsäcker den zweiten Platz auf der Beliebtheitsskala für Politiker besetzt. Obendrein gilt er in fast jeder Hinsicht als dem eigenen Bundeskanzler Kohl überlegen. Fast zwei Drittel stimmen mit Gorbatschows Politik überein. Doch der Stimmungsumschwung bezieht sich nicht nur auf die eine Führungsfigur. Vielmehr verlor «der Osten» insgesamt seinen Schrecken. Nur noch 23% der

Befragten sorgt sich wegen angeblicher Bedrohungen durch den Warschauer Pakt. Und auch die sowjetische Bevölkerung profitiert vom «Gorbi-Bonus»: die «Russen» sind bei den Bundesbürgern inzwischen beinahe ebenso beliebt wie die Briten, die bisher die dritte Stelle einnahmen.

Politische Ideen, die früher nur im vertrauenswürdigen, engen Zirkel, «in der Küche», wie man in der Sowjetunion sagt, oder im Samizdat, und damit unter dem Risiko mehrjähriger Lagerstrafe, geäußert werden konnten, sind inzwischen in der öffentlichen Debatte. Die Führungsspitze selbst wirbt um mehr Eigenaktivität und für die Selbstverwaltung der Gesellschaft unter der alten Losung «Alle Macht den Räten». Und sie definiert die führende Rolle der Partei als einen Anspruch, der nicht gegeben, sondern immer wieder erworben werden muß.

Doch ist das Spektrum gesellschaftlicher oder politischer Tätigkeit über die traditionelle Struktur Räte/Partei/Massenorganisationen (z.B. Gewerkschaften, Kosmomol usw.) hinausgewachsen. In der Bewegung der «informellen Gruppen» oder Klubs engagieren sich Hunderttausende von Sowjetbürgern und -bürgerinnen für die sozialen, politischen oder ökologischen Probleme, die ihnen am meisten auf den Nägeln brennen. Damit entstand in der UdSSR eine «Regenbogenbewegung», die die Perestroika «von unten» verwirklichen und mit eigenem Inhalt füllen will. Am weitesten entwickelte sich in dieser Hinsicht die politische Situation in den baltischen Republiken, wo sich aus der Verschränkung von ökologischem Engagement, demokratischem und nationalem Autonomiestreben wirkliche Volksbewegungen bildeten.

Die «Luft zum Atmen», die Gorbatschow seiner Gesellschaft verschaffte, nutzen aber nicht nur diejenigen, die die Perestroika im Sinne von «mehr Demokratie für alle» aufgreifen und ausweiten wollen. Wo tausend Blumen blühen, sind darunter auch zwangsläufig einige Sumpfblüten. So zieht die Gruppe «Pamjat» für ein chauvinistisches Russentum mit scharfen antisemitischen Tönen zu Felde. Bei den Jugendlichen existieren neben «Grünen» und «Roten», friedlichen Rockfans und Punks auch skinhead-ähnliche Gangs, die ihren Frust gewalttätig abreagieren. Ihnen allen gebürt Aufmerksamkeit, weil sie zu den Komponenten im Schmelztiegel des gesellschaftlichen Aufbruchs gehören, dessen Alchimie über die Zukunft der UdSSR entscheidet. Unser Hauptinteresse in diesem Buch gilt aber der «Perestroika von unten», d. h. den Gruppen und Aktiven, die, wie kritisch auch immer, die Perestroika unterstützen und für mehr Demokratie und Selbstbestimmung nutzen. Wir sind überzeugt, daß nur die weitestgehende Demokratisierung, d. h. letztlich die Selbstverwaltung der Gesellschaft den Umbau vollenden wird, der tatsächlich Frieden, Freiheit, Emanzipation und den Ausgleich mit der Natur sichert. Über dieses den Menschen in Ost, West, Süd und Nord gemeinsame Ziel sind heute durch die Perestroika neue Dialoge möglich, gerade auch auf der «Graswurzelebene» der direkten Kontakte. Dieses Buch würde ohne sie nicht zustande gekommen sein und soll umgekehrt dazu anregen, die gegebenen Chancen mehr zu nutzen.

Wir wollen einen ersten Überblick über die informelle Szene geben. Anspruch auf Vollständigkeit erheben wir nicht. Die Vielzahl und Buntheit der Organisationen, Klubs und Gruppen, die Abschattierungen verschiedenster Lokalkolorits kann derzeit kaum zur Gänze erfaßt werden. Zudem sind alle Entwicklungen im Fluß, und von abgeschlossenen Prozessen, die sich der analytischen Bewältigung nicht mehr sperren, kann keine Rede sein.

Wir hoffen, mit dem einen oder anderen roten Faden durch das Gewirr der noch weitgehend unbekannten sowjetischen «Alternativbewegung» helfen zu können. Uns geht es darum, die Informellen als neue, ohne die Perestroika unvorstellbare Form sozialer Bewegung in der Sowjetunion zu beschreiben. Ein Schwerpunkt liegt deswegen auf den *politischen* Pro-Perestroika-Klubs in ihrer Bezogenheit auf die politischen Ereignisse in der Sowjetunion. Die Repräsentanz einer Meinungsvielfalt, darunter auch radikale Ansichten, bedingt in offiziellen politischen Institutionen und vor Augen und Ohren der Öffentlichkeit andere Parameter und stellt die, gewissermaßen «außerparlamentarische», informelle Bewegung vor die Frage, ob und wenn ja, wie sie sich auf die neuen Möglichkeiten einlassen will.

Andererseits galt es zu zeigen, daß es sich um eine *soziale* Bewegung handelt, die im Alltag Veränderungen ausdrückt und weitertreibt. Eine der Nahtstellen zwischen sozialer und bewußtseinsmäßiger Veränderung und Politik im eher traditionellen (d. h. auf Institutionen bezogenen) Sinn besetzt mit Sicherheit die breite ökologische Bewegung. Der minderheitliche Teil unter den selbstverwalteten Genossenschaften, der von Aktiven der informellen Bewegung gegründet wurde, stellt zum Beispiel eine Verbindung von politischen Klubs und sozialen Veränderungen dar.

Nicht zuletzt wirkt die in Osteuropa und der UdSSR immer schon enge Verschränkung von Kultur und politischer Moral auch in der Perestroika und den Prozessen «von unten». Perestroika bedeutet dabei nicht nur, daß kreativere Dimensionen – etwa die Aufarbeitung der Geschichte in und durch Kunst und Wissenschaft – möglich wurden. Vielmehr öffnet sich gleichzeitig der «soziale Raum» für «unpolitische Kunst», so für Teile der inzwischen legalisierten Rockszene, und für die ersten Schritte zu alternativen Lebensstilen westlicher oder slawophiler Prägung (Hippies, Mitki u. a.).

Offen bleibt, was Perestroika den Frauen bringen wird. Die Versorgungskrise macht sie noch allzusehr zu Opfern und kaum zu Gestalterinnen der Verhältnisse. Die frauenpolitischen Reformvorstellungen entspringen oft instrumentalistischen Absichten. Aber wenn auch erst vereinzelt, melden sich doch Feministinnen zu Wort.

Die Massenbewegungen für eine selbstbestimmte Perestroika sind bislang bei den nichtrussischen Nationalitäten am stärksten. Von ihnen gehen wichtige Impulse für die radikalen Kräfte insgesamt aus, sei es über den Konflikt mit der Führung, die keine vernünftigen Lösungen anbietet (z. B. Krimtataren; Nagorny Karabach), sei es durch originelle eigene Umbaukonzepte (z. B. Estland).

Der Prozeß, die verschiedenen, an der Basis aktiven Kräfte zusammenzubringen, gedeiht aber auch an manchen Orten in der russischen Provinz. Mindestens zwei Züge beschreiben die spezielle Qualität der «Szene» außerhalb der großen Zentren: der Konflikt mit den Behörden ist oft unverhüllt hart und zeigt, wie wenig sie bisher vom «neuen Denken» kennen oder akzeptieren; andererseits bilden sich unter den Klubs und Initiativgruppen besonders tolerante Kooperationsverhältnisse. Wir wählten die Uralstadt Swerdlowsk, um das wenigstens an einem Beispiel zu illustrieren.

Eine Reihe von Facetten konnten im Rahmen dieses Bandes nur angedeutet werden. Es war nicht möglich, der reichen sowjetischen Multikulturalität auch nur annähernd Rechnung zu tragen und eigenständige Formen informeller oder inoffizieller Bestrebungen, wie etwa den «parallelen» Islam in Zentralasien, ausführlich zu beschreiben. Die spirituelle bzw. religiöse Komponente im derzeitigen Aufbruch der sowjetischen Gesellschaft, in Subkulturen und bei Individuen, mußte gleichfalls vernachlässigt werden.

Viele haben uns inhaltlich und moralisch bei unserer Arbeit unterstützt. Nicht alle können hier genannt werden. Besonderer Dank gilt unseren sowjetischen Freunden und Freundinnen, Jelena Baschun vom Komitee der Sowjetfrauen, Jan Lev, Dima Mastjukow, Sanja Kornewa, Wolodja Oboronko, Tanja Ostapowitsch und Grischa Pelman aus Moskau, Jan Utschuronis aus Wilnjus und Laine Paavo aus Tallinn. Bei der Materialbeschaffung standen uns Jewgenija Jesjunina und Tolja Papp vom Archiv des Moskauer Büros für Informationsaustausch mit Rat und Tat zur Seite. Larissa Bogoraz und Lena Malzewa waren bereit, uns in persönlichen Gesprächen über die Dissidentenbewegung und die heutige Situation bzw. über informelle Gruppen im staatlichen Sektor der Wirtschaft Rede und Antwort zu stehen. Außerdem unterstützten uns Uwe Halbach und Gerhard Simon vom Bundesinstitut für ostwissenschaftliche und internationale Studien in Köln mit wertvollen Tips und Materialien. Alexandra Schwerin Krosigk war so freundlich, für uns einen Beitrag über die nonkonformistische Gruppe der «Mitki» zu schreiben.

Steffi Engert/Uwe Gartenschläger 15. September 1989

Reform mit offenem Ende. Eine Übersicht

Ja, die Politik ist die Kunst des Möglichen, aber es ist nicht gerade einfach zu sagen, was für die rätselhafte Dame Geschichte möglich und was unmöglich ist.

Leonid Gatkin

Am 10. März 1985 wurde Michail Gorbatschow zum Generalsekretär der KPdSU ernannt. Die «Garde der Alten und Gebrechlichen», so der ehemalige Dissident Shores Medwedew, die in der Person des greisen, farblosen Tschernenko nach Andropows frühem Tod noch einmal die Zügel an sich gerissen hatte, mußte nun endgültig das Spitzenamt abtreten. Daß ein Mann der jüngeren Generation eine andere Politik machen werde, mögen alle geglaubt haben, ob diese auch besser sein würde, das wußte niemand.

Gorbatschow kam als relativ unbeschriebenes Blatt. Seine Verantwortung für die kränkelnde Landwirtschaft trug ihm kaum einen guten Ruf ein. Viele im Lande schätzten ihn als einen der jüngeren Karrieristen aus dem Parteiapparat ein. Alsbald überraschte er mit tatkräftigem Engagement gegen Korruption und Schlendrian in der Sowjetwirtschaft. Welche Schleuse er damit öffnete und wohin ihn die von ihm selbst entfesselte Dynamik treiben würde, konnte damals nicht abgesehen werden. Deutlich war nur, daß die Supermacht Sowjetunion, bis in den innersten Kern marode, nicht mehr so weitermachen konnte wie bisher. Die in den Breschnewjahren tiefeingefahrenen Gleise mußten verlassen werden – zugunsten radikal neuer Wege.

Ein Blick zurück

Doch wie war der Sowjetstaat in diese Situation geraten? Als am 10. November 1982 Leonid Iljitsch Breschnew fast 76jährig starb, sahen diejenigen, die sehen wollten, daß er ein Erbe hinterließ, um das niemand seine Nachfolger beneiden konnte. Die Lage der Sowjetunion beschrieben die meisten westlichen Beobachter als «Sackgasse» oder «Erstarrung». Im Lande selbst wurde bald der Begriff «Stagnationsjahre» geprägt. Die Krisensymptome offenbarten sich unübersehbar schon seit Mitte der 70er Jahre:

Die Wachstumsraten der Wirtschaft sanken rapide, zuletzt gingen sie gegen Null;

die Innovationskraft nahm auf allen Gebieten ständig ab; besonders technologisch geriet die UdSSR im Weltmaßstab ins Hintertreffen;

das Afghanistanabenteuer und die dauernde Verletzung elementarer Menschenrechte untergruben das internationale Ansehen des Sowjetstaats;

die Gesellschaft verfiel moralisch; Korruption, Vetternwirtschaft und Schwarzmarkt blühten immer mehr auf; wie das Rumänien Ceauşescus standen ganze Sowjetrepubliken unter der Herrschaft von Familienclans.

Der Weltmachtanspruch fußte demnach eigentlich nur auf der militärischen Stärke, doch auch deren Debakel zeichnete sich in Afghanistan bereits unausweichlich ab.

Man macht es sich allerdings zu einfach, wollte man behaupten, die sowjetische Führung habe das Land gegen massiven Widerstand der eigenen Bevölkerung in dieses Dilemma geführt. Vielmehr hatte sich besonders die Mehrheit der Großrussen in der «bequemen Unfreiheit», wie sie der Emigrant Igor Glijer nennt, wohnlich eingerichtet. Nach den Wirren und Opfern von Bürgerkrieg, Stalinterror und «Großem Vaterländischen Krieg», wie der Zweite Weltkrieg in der Sowjetunion heißt, wollten sie sich ausruhen und ein wenig Wohlstand genießen. Die Neigung zu politischem Protest war gering. Es herrschte Einigkeit bei der großen Mehrheit der Gesellschaft, schlafende Hunde lieber nicht zu wecken und im Rahmen des gegebenen politischen Systems das «kleine Glück» im Privaten anzustreben. Diejenigen, die wie nationale Minderheiten, Religionsgemeinschaften oder Dissidenten[1] politische oder Menschenrechtsforderungen stellten, wurden zu Fremden in der eigenen Gesellschaft.

Diese Konstellation entsprach den Interessen der «kollektiven Füh-

1 Als Dissidenten oder «Andersdenkende» wurden diejenigen bezeichnet, die seit den 60er Jahren bis zur Perestroika gegen die «Macht» standen. Die Dissidenten,

rung», die nach Chruschtschows Sturz an die Macht kam und deren Exponent schon bald Leonid Breschnew wurde. Sie wollte innenpolitische Befriedung und Beruhigung der Parteikader, auch der Stalinisten, nach der Hektik der Reformära. Ihre Politik bestand darin, den Lebensstandard wenigstens etwas und möglichst stetig zu heben, Rechtssicherheit für die Funktionäre und in Grenzen auch für das Volk zu garantieren, umgekehrt aber Oppositionelle mit aller Härte auszugrenzen und als «antisowjetisch» zu verfolgen. Damit traf die neue Führung durchaus die Wünsche der Bevölkerungsmehrheit. Erst Anfang der 80er Jahre präsentierte sich die Rechnung für das kollektive illusionäre Vorhaben, historische Wandlungsprozesse aufzuhalten.

Verschworene ohne Aussicht auf Sieg: die Dissidenten

Die Entstalinisierung nach dem XX. Parteitag 1956 bedeutete für viele Intellektuelle das Erwachen aus der Sprachlosigkeit. In Zirkeln, Klubs und Wandzeitungen, aber auch in offiziellen Organen, allen voran in der Literaturzeitschrift *Novy Mir* unter der Chefredaktion Twardowskis, wurden gesellschaftliche Probleme kontrovers diskutiert. Mittelpunkt aller Auseinandersetzungen in jenem «Tauwetter»[2] bildeten die Stalinzeit und ihre Konsequenzen für die Sowjetgesellschaft.

In den Erinnerungen der damals Beteiligten spürt man noch heute den Optimismus und die Euphorie dieser Jahre. Doch allmählich geriet diese Bewegung doppelt unter Druck, von unten und von oben.

oft auch gleichgesetzt mit der Bürgerrechtsbewegung, waren vor allem eine moralische Opposition. Die Verbreitung der «Wahrheit» gegen die allgegenwärtige Lüge und die Konfrontation des Staates mit seinen Ansprüchen, die er selbst immer wieder brach, bildeten die Hauptaktivität. Politische Strategiebildung schien angesichts der unangreifbaren Übermacht der Apparate völlig unmöglich. Die Dissidentenbewegung begann als Nachwirkung des Tauwetters, der relativen Liberalisierung des geistigen Lebens unter Chruschtschow. Wenn eine Geburtsstunde festzumachen ist, war es der Protest gegen den Prozeß, in dem die Schriftsteller Daniel und Sinjawski 1966 für ihre freimütigen Äußerungen verurteilt wurden.

2 Das «Tauwetter», so benannt nach einer Erzählung Ilja Ehrenburgs, begann mit der berühmten geheimen Chruschtschow-Rede auf dem XX. Parteitag 1956, in

Die Obrigkeit war aus naheliegenden Gründen nicht an einer umfassenden Aufklärung und Diskussion interessiert. Schließlich waren fast alle ihre Vertreter, einschließlich Chruschtschow, selbst in die stalinschen Verbrechen verstrickt gewesen. Andererseits machte sich bemerkbar, daß es der Intelligenzija nicht gelungen war, weite Bevölkerungskreise zu erreichen. Für das Regime war es so problemlos möglich, die isolierte Intelligenz aufzuspalten und auszumanövrieren. Ein großer Teil zeigte sich nach außen hin angepaßt. Blieben noch die Dissidenten, die nach der Niederschlagung des «Prager Frühlings» vom KGB unter Führung Andropows von «links» her aufgerollt wurden. Diejenigen, die für eine sozialistische Erneuerung eintraten und/oder sich mit Massenaktionen von unten verbanden, z. B. nationalen Bewegungen wie der krimtatarischen, erlitten besonders strenge Repressionen. Die anderen wandten sich der Verteidigung von Menschenrechten zu und arbeiteten dabei oft über die westliche Presse. Das erleichterte es, sie als antisowjetische Fremdkörper zu diffamieren und zu verfolgen, bis schließlich sogar ein Mann wie Sacharow verbannt werden konnte.

Miroslaw Wolkow schildert in einem Gedicht die beklemmende Atmosphäre des Moskauer Dissidentenmilieus in den späteren Breschnew-Jahren:

> ... Verbotene Literatur! Buchstaben,
> an Buchstaben, die zu untätiger Warnung anwachsen,
> Silben, die über den Tisch geschoben werden
> wie pornographische Bilder
>
> Wir sind Verschworene ohne Aussicht
> auf Sieg. Haben unsere Feinde nicht recht:
> Tee, Kuchen und belanglose Worte, die nichts
> zu bewegen vermögen als unsere zermürbten Herzen.
> Laßt uns lauter sprechen, die Fenster öffnen und schreien! ...

der er erstmals den Stalinismus, wenn auch vornehmlich unter dem Stichwort «Personenkult», scharf kritisierte. Der begrenzten Einführung von «Gesetzlichkeit», die wenigstens dem willkürlichen Terror des Staates Zügel anlegte, folgten ein Aufblühen der Künste und eine relativ freie politische Diskussion. Das ist z. B. die klare Botschaft einer Ausstellung, «Chruschtschow – Jene zehn Jahre», die im Sommer 1989 in Moskau gezeigt wurde – die erste ihrer Art, die Chruschtschow zu rehabilitieren sucht und zu vielen Fragen, etwa über das Ausmaß des Gulag unter Stalin, die Wahrheit offiziell öffentlich macht.

Für viele blieb letztlich nur die Emigration: die äußere in den Westen oder die innere ins Private oder Religiöse. Gerade das Schicksal dieser Menschen, die im Vertrauen auf die Liberalisierung politisch aktiv wurden, dann aber völlige Desillusionierung erlebten, ist heute eine Hypothek für die Perestroika. Von hier nährt sich das Mißtrauen gegen Aufrufe von oben, sich zu engagieren, an politischen Entscheidungen zu partizipieren.

NÖP und Chruschtschow – Vorläufer der Perestroika?

Die Reformer um Gorbatschow greifen in ihrer Rhetorik oft auf zwei Abschnitte der Sowjetgeschichte zurück, in denen mindestens teilweise ähnliche Experimente stattfanden wie heute. Die in den 20er Jahren noch von Lenin eingeleitete «Neue Ökonomische Politik» (NÖP)[1] und die Zeit Chruschtschows ziehen nicht von ungefähr ihr Interesse auf sich; dabei werden die Grenzen der Vergleichbarkeit nicht immer klar gesehen. Die Geburtsstunde der NÖP lag in einer Epoche höchster gesellschaftlicher Aktivität. Das schon unterscheidet sie von der Ausgangssituation von Perestroika. Mit der NÖP reagierte die damalige Regierung auf Massenproteste, besonders der bäuerlichen Bevölkerung.

Der aktuelle Bezug auf die NÖP ist der auf ein zumindest «silber-

1 Die «Neue Ökonomische Politik» (NÖP oder russisch NEP) löste 1921 den «Kriegskommunismus» ab. War letzterer der «heroische» Versuch, die auf Requirierung und direkter Verteilung beruhende Kriegswirtschaft Ansatz einer positiven Utopie zu interpretieren, so reagierte die Führung um Lenin mit der NÖP realistisch auf die tatsächlichen Verhältnisse nach dem Bürgerkrieg und knüpfte vorsichtig an die Vorstellungen einer Mischwirtschaft an, wie sie unmittelbar nach der Revolution ins Auge gefaßt worden waren. Die NÖP, herbeigezwungen durch Bauernaufstände und die Erhebung von Kronstadt, ließ neben dem staatlichen Sektor Genossenschaften und Privatbetriebe in begrenztem Maße zu, erlaubte die Entwicklung eines Binnenmarktes und förderte Investitionen aus dem Ausland. Dabei wurden die «NÖP»-Leute, d. h. diejenigen, die durch die NÖP profitierten, als mögliche Quelle für die Wiederherstellung des Kapitalismus mit Mißtrauen gesehen. Die NÖP-Zeit, die auch gesellschaftlich und kulturell nach adäquaten Ausdrücken für den «richtigen» Weg suchte, fand ihr Ende 1928, als der erste Fünfjahresplan und die Zwangskollektivierung in der Landwirtschaft beschlossen wurden.

nes» Zeitalter, jenes vor dem großen Terror, wo wenigstens noch innerhalb der Partei freie Diskussionen stattfanden. Das Ende der NÖP, anscheinend willkürlich aus dem Machtkalkül einiger weniger herbeigeführt, wird wahrgenommen als Wendepunkt im Funktionswandel der bolschewistischen Partei, die vom Forum lebendiger Auseinandersetzung zum Verwaltungsapparat verkam. Doch auch an den ökonomischen Konzepten der NÖP wie dem Leninschen Genossenschaftsplan und der Idee eines Sozialismus mit marktwirtschaftlichen Elementen, wie sie Nikolai Bucharin vertrat, knüpft man heute an.

Nikita Chruschtschows Reformen werden skeptischer betrachtet als die NÖP. Angerechnet wird ihm, daß er mutig die Entstalinisierung einleitete und das Kulturleben liberalisierte. Die Kritik der Reformleute richtet sich dagegen auf die Planlosigkeit der einzelnen institutionellen und wirtschaftlichen Veränderungen. Diese Kritik ist sicherlich berechtigt, doch greifen Erklärungen zu kurz, die diese Schwächen allein Chruschtschows temperamentvollem Charakter ankreiden wollen. Gerade jetzt wird es notwendig sein, die Widerstände und Grenzen, auf die die Vorgänger stießen, genauestens zu analysieren.

Wladimir Wyssotzki – ein Held der Perestroika?

Als «Urheber, Ideologen und Vorboten» der Perestroika feiert ihn die prominente Soziologin Tatjana Saslawskaja; die Moskauer Kulturszene veranstaltete an seinem 50. Geburtstag im Januar 1987 ein riesiges Fest – die offizielle Sowjetunion entdeckt mit Wladimir Wyssotzki einen Mann, der lange als Unperson galt. Die Konzertmitschnitte dieses populärsten Liedermachers des Landes wurden jahrzehntelang nur auf dem Schwarzmarkt gehandelt.

Doch läßt sich Wyssotzkis Werk nicht nahtlos für die gegenwärtigen Reformen einspannen. Der Schauspieler, dessen Ruhm in erster Linie auf seinen Liedern und Gedichten beruht, ist mit allen seinen Widersprüchen ein typisches Kind der «Stagnationszeit». Seine Lieder zeugen von der Volksmentalität jener Jahre. Zwar kritisieren sie die

Obrigkeit, machen sich über Bürokratie und Schlendrian lustig und beschreiben die Beschwernisse des sowjetischen Alltags, aber sie sind keine Aufforderung, etwas zu verändern. Wyssotzki kommt dem verbreiteten «russischen» Hang entgegen, Mißstände auszuhalten, sie zu erleiden, anstatt öffentlich und organisiert gegen sie vorzugehen. Die Menschen in seinen Liedern scheinen einem naturhaften Schicksal ausgeliefert zu sein. Der Barde verleiht dem Lebensgefühl der ewig «schweigenden Mehrheit» Ausdruck und wurde so zu deren Idol, nicht zuletzt auch durch sein persönliches Schicksal, in dem sie sich wiedererkennen konnten. Zermürbt durch den Kampf mit der Kulturbürokratie, überfordert durch die Heldenrolle, die ihm aufgebürdet wurde, verfiel er dem Alkohol und starb schließlich, erst 42jährig, 1980 zur Zeit der Olympiade in Moskau.

Seine Popularität ist ein gesamtgesellschaftliches Phänomen. Im Grunde fühlen sich alle Altersstufen von ihm angesprochen; nur die Teenager-Generation orientiert sich stärker an westlicher bzw. westlich beeinflußter Musikkultur. Seine Beliebtheit geht quer durch alle politischen Lager. Anhänger der national-chauvinistischen «Pamjat» singen die Lieder des «einfachen Burschen» ebenso zur Gitarre wie Mitglieder des Komsomol oder progressiver informeller Gruppen. Bei den Wyssotzki-Fans spielt auch die sonst oft scharf akzentuierte Kluft zwischen Intelligenzija und Volk keine Rolle. Zu seinem Geburtstag versammelten sich Tausende Arbeiter und Wissenschaftler, Moskauer wie Provinzler an seinem Grab.

Besonders der Rummel um den 50. Geburtstag des Sängers zeigt, daß sein Mythos, derart instrumentalisiert, sich gegen emanzipative Systemveränderung sperrt. In vielen Läden fanden sich kitschige Büsten, Medaillen und Poster mit Wyssotzkis Konterfei. Die offizielle Gedenkveranstaltung war überladen von schwülstigen Reden und einem Ölgemälde des Toten auf der Bühne. Höhepunkt war der Auftritt des Arztes, der den ersten Wiederbelebungsversuch an Wyssotzki vorgenommen hatte. Bei vielen Russen traf diese Heldenverehrung auf dankbare Aufnahme. So wurde aus dem lange Verfemten eine verehrungswürdige, aber ungefährliche Ikone.

Moskau – Odessa

Neulich mal fliege ich «Moskau – Odessa»
Wieder läßt man das Flugzeug nicht starten,
Und da ging ganz in Blau eine Stewardess vorüber,
  wie eine Prinzessin,
Zuverlässig, wie die ganze staatliche Luft-Flotte.

Über Murmansk sind weder Regenwolken noch andere Wolken,
Und jetzt müßte man nach Aschchabad fliegen.
Offen sind Kiew, Charkow, Kischinjov,
Auch L'vov ist offen, doch dorthin muß ich nicht.

Man sagte mir: «Mach dir heute keine Hoffnungen,
Es lohnt nicht, sich auf den Himmel zu verlassen»,
Und da verzögert man wieder den Flug nach Odessa,
Jetzt ist die Landebahn vereist.

Und in Leningrad taut es schon etwas auf den Dächern,
Und warum soll ich nicht nach Leningrad fliegen?
Nach Tiflis – dort ist alles klar, dort ist es warm,
Dort wächst der Tee, doch dorthin muß ich nicht.

Ich höre: «Die Passagiere nach Rostov fliegen ab»,
Doch ich muß sehr dringend nach Odessa,
Doch ich muß dorthin, wo man 3 Tage keine Landeerlaubnis gibt,
Und deshalb den Flug aufschiebt!

Ich muß dorthin – wo sich Schneewehen aufgetürmt haben,
Wo man morgen Schneefall erwartet.
Und irgendwo ist alles klar und hell,
Dort ist es schön, doch dorthin muß ich nicht.

Von hier läßt man uns nicht weg, und dort läßt man uns nicht rein,
Das ist ungerecht, ich bin traurig, doch da
lädt uns die Stewardess gelangweilt ein, an Bord Platz zu nehmen,
Zuverlässig, wie die ganze staatliche Luft-Flotte.

Sie haben den entlegensten Winkel aufgemacht,
In den einen nicht einmal Belohnungen locken,
Offen ist der geschlossene Hafen Wladiwostok,
Paris ist offen, doch dorthin muß ich nicht!

Ob wir abfliegen, mal abwarten! Jetzt werden sie die Verbote aufheben –
Das Linienflugzeug hat alle Kräfte angespannt, das Dröhnen der Turbinen ist zu hören,
Ich sitze, wie auf Nadeln, na, und wenn man uns auf einmal wieder nicht hereinläßt,
Es findet sich schon wieder eine Menge Gründe!

Ich muß dorthin, wo Schneestürme und Nebel sind,
Wo man morgen Schneefall erwartet,
Sie haben London, Delhi, Magadan aufgemacht,
Sie haben alles aufgemacht, doch dorthin muß ich nicht!

Ich habe recht, da kann man weinen oder lachen, doch wieder gibt es eine Verzögerung des Starts.
Und wieder zurück zum Ausgangspunkt führt uns
Ganz schlank, wie eine «TU», die Stewardess, Miß Odessa,
Ähnlich der ganzen staatlichen Luft-Flotte.

Wieder gibt man eine Verzögerung bis acht bekannt,
Und die Staatsbürger schlafen gehorsam ein.
Ich bin das leid, hol's der Teufel.
Ich fliege dorthin, wo man eine Landeerlaubnis gibt.

«Revolution von oben»: mehr als ein Tauwetter

Die «zweite Revolution», wie Gorbatschow und sein Team ihren neuen Kurs gern nennen, war zunächst eine vage Proklamation «von oben». Der neue Generalsekretär begann zwar 1985 seine Amtsführung mit einem für sowjetische Verhältnisse unerhört modernen und populistischen Stil. Doch Glasnost und Perestroika, Schlüsselworte des «neuen Denkens» im Kreml, schienen sich zuerst nur als werbewirksame Losung zu buchstabieren.

Aber selbst das war unvorstellbar ohne «Liberalisierung» des Denkens und der Rede. Im neuen Tauwetter ließ die Führung die Intelligenzija von der Leine – nicht zuletzt, um sich PR-Instrumente für die eigene Politik zu verschaffen. Doch neben Glasnost in der offiziellen Presse schossen alsbald Zehntausende von «informellen» Klubs aus dem Boden. Von ihnen kam das erste, zumeist kritische Echo «von unten» auf die «Revolution von oben». Bis zu einem gewissen Grad berechtigt erschien damals z. B. das Urteil von Shores Medwedew, daß Gorbatschows Reformkonzepte – unter Berücksichtigung der seither veränderten Situation – qualitativ kaum an die Chruschtschows heranreichten. Doch rasch überholten die Ereignisse diese Meinung, und die meisten sowjetischen Dissidenten, Medwedew eingeschlossen, wie auch Oppositionelle aus anderen osteuropäischen Ländern erkennen die besondere Qualität der Perestroika und unterstützen sie, wenn auch mitunter sehr kritisch (z. B. Sacharow).

Das erste Jahr bis zum Frühjahr 1986 bezeichnete ein teilnehmender Beobachter, Boris Kagarlitzki, als die Periode des «Kampfes im Apparat» und der ersten Konsolidierung des neuen Kurses, vor allem durch Umbesetzungen in den Führungsgremien. Das herkömmlichem pompösen Zeremoniell abschwörende Auftreten und die persönliche Kompetenz Gorbatschows markierten Brüche mit der Vergangenheit.

Gorbatschow nahm Vorhaben Andropows wieder auf, wie die Kampagnen gegen Alkoholismus und Korruption. Glasnost in der Presse deckte Mißstände und wirtschaftliche Probleme auf. Gorbatschow begann – teilweise duch direkten persönlichen Einsatz – die «schöpferische Intelligenz» von administrativen Knebeln zu befreien. Die wirtschaftliche Misere werde, so glaubte die Führung, rasch durch mehr Qualitätsarbeit auf der Basis modernisierter Technologie und verbesserter Planung überwunden.

Das erste Umstrukturierungsprogramm enthielt nicht viel Neues: mehr Autonomie für die Einzelbetriebe innerhalb des zentralen Plans, Zulassung eines kleinen Bereichs von Privatunternehmen, vor allem im Dienstleistungssektor, und «gemischte» internationale Unternehmen, sogenannte «joint ventures». Doch die Namen derer, die als Denkfabrik des Gorbatschow-Teams diese Konzepte auf den Weg brachten, bürgten für weiterführende Dynamik. Es waren die Nowosibirsker Ökonomen und Sozialwissenschaftler wie Abel Aganbegjan und Tatjana Saslawskaja, die in ihrem Institut im Zwielicht der Breschnew-Jahre relativ ungestört, wenn auch einflußlos radikale Alternativen entworfen hatten. Doch 1985/86 mußte der frisch gebackene Generalsekretär noch vorsichtig zu Werke gehen. Die Bescheidenheit der ersten Programme war deswegen sein taktischer Vorzug, um erst einmal die verschiedenen Pro-Reform-Kräfte zu einigen gegen die Gegner jeglicher Veränderung.

Mit Glasnost wird es ernst

1986 war in vieler Hinsicht ein wichtiges Jahr. Mit dem 27. Parteitag im Februar konnte sich die Machtstellung Gorbatschows und der Reformer festigen. Zugleich drängten sich die Probleme der Sowjetgesellschaft unausweichlich auf. Die eingeschlagene Politik erwies sich als unzulänglich. Der Abschluß des Fünfjahresplans 1985 mit seinen schlechten Resultaten erzwang eine ernüchterte Reduzierung der Erwartungen für die nächste Planperiode. Dies um so mehr, als auch die Hoffnungen auf rasche Erfolge in der Außen-, namentlich in der Abrüstungspolitik heruntergeschraubt werden mußten. Doch mehr als alle Bilanzzahlen legte der Tschernobyl-GAU die Achillesfersen der sowjetischen Realität bloß. Glasnost zeigte sich zunächst in dieser entscheidenden Situation als Papiertiger. Erst allmählich durchbrach die Presse den alten Mechanismus, wonach Katastrophen verschwiegen oder verharmlost wurden. Nach und nach kam die Wahrheit ans Licht – über Tschernobyl, die vorherigen Warnungen, die in den Wind geschlagen worden waren, die Inkompetenz des Managements und der lokalen Behörden. Damit öffneten sich die Schleusen für wirkliche Glasnost – die umfassende öffentliche Erörterung aller Aspekte der sozialen Realität. In der *Prawda* erschienen Leserbriefe, die die Privilegien der Funktionärsschicht anprangerten. Die *Moskowskie Nowosti* – bis 1986 ein eher unscheinbares Blatt – übernahm unter dem Chefredakteur Jegor Jakowlew seit 1986 eine Vorreiterrolle in Sachen Offenheit (z. B. mit der Veröffentlichung von Lenins Testament oder dem Thematisieren nicht vorhandener Religionsfreiheit). Die Zensur, obschon als Institution nicht aufgehoben, wurde kaum mehr angewandt. Im Fernsehen konnten Live-Sendungen gebracht werden; die bisher nur im kulturellen Untergrund praktizierte Rockmusik durfte öffentlich gespielt und auf Platten gepreßt werden. In der breiten Öffentlichkeit entbrannten Kontroversen über Glasnost.

Perestroika trat in eine neue Phase ein. Es war deutlich geworden, daß der Austausch einiger Leute, die Rationalisierung des bürokratischen Apparats und die Einführung moderner Technik nicht genügen würden. Rationelleres Wirtschaften allein war nicht zu haben, ohne den allgegenwärtigen «Bremsmechanismus» derer, die die Reform nur sabotieren wollten, beseitigt zu haben. Wirtschaftlicher Aufschwung war und ist aber der archimedische Punkt, der die Perestroika stützt oder stürzt. Das demonstrierten unmißverständlich die ersten großen Streiks der Bergarbeiter im sibirischen Kusbass und im ukrainischen Donbass im Juli 1989. Bleiben die Hoffnungen der Bevölkerung auf ein materiell besseres Leben unerfüllt, wird sich ihre Loyalität und vor allem ihre aktive Teilnahme am Umbauprozeß in engen Grenzen halten, wenn nicht gar ins Gegenteil umschlagen. Folgerichtig wurde Demokratisierung deswegen das Schlüsselwort für die neue Etappe – Demokratisierung als Mittel gegen den beharrenden Apparat und als Anreiz, Mitverantwortung zu übernehmen.

Die Gesellschaft besinnt sich auf sich selbst

Als erste reagierten die Intelligenz und die Jugend. Wie schon 1956 begannen sie die Altlasten der näheren und ferneren Vergangenheit aufzuarbeiten und beiseite zu räumen. Und diesmal wurde vor keinem Tabu haltgemacht.

So befreite sich der Filmverband auf seinem Kongreß im Mai 1986 von seinem bisherigen Vorstand. Er bildete eine Kommission, um Filme, die in den vergangenen Jahrzehnten nicht vorgeführt werden durften, zu «überprüfen». Resultat war die Freigabe einer Welle antistalinistischer Filme, wie *Reue* von Tengis Abuladze. Der Kongreß des Schriftstellerverbandes verwahrte sich kurze Zeit später heftig gegen die Zensur und votierte für die Rehabilitierung bisher Verfemter wie Pasternak und Achmatowa, was zur Veröffentlichung zahlreicher bisher verbotener Werke führte, u. a. Bulgakows *Hundeherz*, Samjatins *Wir*, Achmatowas *Requiem*.

Die Verbrechen Stalins aufzudecken, blieb nicht auf die Kulturschaffenden beschränkt. Eine Massenbewegung («Memorial») entstand, die die Opfer des Terrors durch Denkmäler zu rehabilitieren verlangt. Sie will das (Wieder-)Vergessen verhindern und einen Beitrag leisten, damit sich das Furchtbare nicht wiederholt.

Schon bald ließ sich die Neubewertung der Geschichte nicht mehr auf die Stalinzeit begrenzen. Die großen Debatten der 20er Jahre wurden auf Bühnen und in der Publizistik wieder vergegenwärtigt. Selbst die Zeit unmittelbar nach der Revolution, etwa in Schatrows 1986 in Moskau gezeigtem Stück *Krieg und Frieden*, das sich mit den Kontroversen der Parteiführung um den Brester Frieden 1918 beschäftigt, entging der Befragung nicht. Die Unpersonen, allen voran Bucharin und langsam auch Trotzki kehren ins kollektive Gedächtnis zurück. Einzelne Gesten der Reformführung standen für Wiedergutmachung der Repressionen der Breschnew-Jahre: Sacharow wurde aus der Verbannung in Gorki zurückgeholt, andere Dissidenten kamen aus der Haft frei. Für einige, wie Anatoli Martschenko, kam dieser Schritt allerdings zu spät – er war kurz zuvor im Lager gestorben.

Das Januarplenum des ZK von 1987 gab dann offiziell die Parole aus, daß sich die Öffentlichkeit ihre Geschichte wieder aneignen sollte. Die Historikerzunft reagierte überwiegend nach Vogel-Strauß-Manier und hat sich bis heute noch kaum in den geänderten Verhältnissen zurechtgefunden. Im Fach Geschichte wurden 1988 keine Examina abgenommen, Lehrbücher, die dem neuen Geschichtsbild verpflichtet sind, werden zur Zeit erarbeitet.

Um so heftiger erregen Bücher wie die *Kinder des Arbat* von Rybakow, die den Stalinterror im Alltag beschreiben, die Gemüter. In der Publizistik führte dieses Buch zu einer Art Historikerstreit über die Bewertung der Verbrechen und Verdienste Stalins, in dem auch bislang sakrosankte Ansichten wie die, daß Stalin immerhin durch kluge, wenn auch kostspielige Politik den Zweiten Weltkrieg gewonnen habe, relativiert wurden.

Rasch entfaltet sich seit 1986 vor allem die Bewegung der «Informellen». Schon 1987 wurde geschätzt, daß es ca. 40000 Jugendclubs, Bürgerinitiativen für Ökologie, Denkmalschutz, Bürgerrechte oder allgemein zur selbständigen Unterstützung der Perestroika gäbe. Gruppen, die eine sozialistische Erneuerung mit mehr oder minder anarchistischen oder grünen Beimischungen anstreben, existieren neben Heavy-metal-Kids. Ökologisch-neoslawophile Wertkonservative wollen ebenso wie diejenigen, die an den Experimenten der 20er Jahre oder der 60er Jahre im Westen anknüpfen, andere Lebensstile ausprobieren.

In dieser Bewegung sind viele «alte Hasen» des Samizdatuntergrunds[1] der Breschnew-Zeit aktiv. Aber das, was jetzt passiert, ist keine Fortsetzung der Dissidentenbewegung. Bereits seit den 70er Jahren entwickelte sich eine Jugendkultur außerhalb der vorgegebenen Kanäle. Kennzeichen dieser Subkultur wurde die enge Verknüpfung von Rockmusik mit der Infragestellung der Werte und des Lebensstils der Elterngeneration. Zumindest in den Hauptstädten Rußlands und der westlichen Unionsrepubliken bildete dieses Milieu bald eine ernste Konkurrenz für den offiziellen Jugendverband, den Komsomol. Die Obrigkeit reagierte mit Verboten: populäre Gruppen wie *Mosaik, Aquarium* oder *Kino* durften nicht auftreten; ihre Musik kam auf die Indexlisten der Komsomoldiskotheken. Unter Gorbatschow verschwanden solche Beschränkungen. Seit 1986 sind diese Gruppen für das Fernsehen «sendefähig».

Zwischeneiszeit

Während die Informellen ihr Verhältnis zur Perestroika-KPdSU positiv, wenn auch kritisch bestimmten, stießen sie auf der anderen Seite keineswegs auf ungeteilte Gegenliebe. Der offizielle Kurs ihnen gegenüber läuft im Zickzack. Dabei mischt sich die Furcht vor unkontrollierbarem Extremismus mit Hilflosigkeit aufgrund fehlender Erfahrungen mit politischer Eigeninitiative.

1 Samizdat ist die russische Abkürzung für Selbstverlag. Damit werden die nichtzensierten, bis vor kurzem ausschließlich im Untergrund produzierten und weitergegebenen Publikationen bezeichnet. Die Samizdat-Publikation wahrheitsgetreuer Informationen über selbständige Aktivitäten, Gedanken und deren staatliche Repressionen war eine der Haupttätigkeiten der Dissidentenbewegung. Auch unter Perestroika-Bedingungen existiert weiterhin der Samizdat – allerdings können heutzutage die kleinen Blätter der «informellen» Gruppen und der neuen Parteien offen am Puschkin-Platz in Moskau und anderswo verkauft werden.

Sommer und Herbst 1987 standen jedoch erst einmal im Zeichen stürmischen Wachstums der informellen Vereinigungen und der Koordinationsversuche in einer gemeinsamen Föderation.

Mit dem Winter schien dann eine neue Eiszeit anzubrechen. Am 31. Oktober stürzte der Moskauer Parteisekretär Boris Jelzin. Jelzin hatte seine uneingeschränkte Unterstützung für die Perestroika, der er seine Ernennung auf den Moskauer Posten verdankte, durch populistische und spektakuläre Aktionen demonstriert. Er mischte sich bewußt unter das Alltagsleben, um zu erfahren, wo die Menschen der Schuh drückte, und um Skandale, wie den Verkauf von «Defizitwaren» gegen Bestechungsgelder, an Ort und Stelle aufzudecken. Anonyme Drohbriefe flatterten ihm dafür ins Haus. Alles das trug dazu bei, daß Jelzin den Ruf hatte, ein «Linker» der Perestroika zu sein.

Ominös war nicht nur seine Absetzung, auch Glasnost war wiederum ausgesetzt worden: die schlechte Nachricht verbreitete sich nur über ausländische Sender. Mitglieder unabhängiger Klubs und Studierende der Moskauer Universität organisierten sofort kleine Demonstrationen und sammelten Protestunterschriften. Die Miliz schritt ein, nahm einige Leute fest, zu Anklagen kam es jedoch nicht. Als dann die Medien reagierten, berichteten sie über Jelzin im Stil überwunden geglaubter stalinistischer Hetze. Kurz darauf warnte die *Prawda* vor «Extremismus» bei den Informellen. Andere Zeitungen folgten der *Prawda* und spitzten ihre Kritik zu. Das gab den konservativen Kräften in den Verwaltungen Auftrieb. Sie behinderten nun massiv die Arbeit der Informellen, sperrten ihnen z. B. den Zugang zu Räumen. Die Zusammenarbeit mit Offiziellen, etwa zwischen autonomen Jugendgruppen und dem Komsomol, die sich im Sommer hier und da ergeben hatte, fand ein abruptes Ende.

Die Perestroika schien ernsthaft in Gefahr, auf das Niveau von 1985 zurückzufallen, welches heute in Prag und vielleicht noch in Sofia angepeilt wird: eine technokratische Wirtschaftsreform, die den Arbeitenden mehr Leistung abzwingt.

Zuspitzung

Doch die Perestroika ging weiter – und gewann an Schubkraft. Vielleicht gerade durch den konservativen Gegenangriff auf die Affäre Jelzin hin. Dadurch wurde bewußt, daß die Reformführung nicht weiter auf Ausgleich und Kompromiß bedacht bleiben konnte, sondern sich für ein klares – und damit radikaleres – Profil entscheiden mußte. Andernfalls würde sie sich zur Gefangenen des Bremsmechanismus machen. Suchen und Ausprobieren kennzeichnen deshalb diese Phase der Perestroika.

Zum 70. Jahrestag der Oktoberrevolution noch hatte Gorbatschow eine moderate Traditionsrede gehalten. Im Rückblick scheint darin die Absicht erkennbar, die konservativen Gemüter nicht gerade an diesem Tag zu reizen. Die von der westlichen Publizistik damals erwarteten Rehabilitierungen von Bucharin und anderen Altbolschewiki wurden dann kurze Zeit später angekündigt. Doch trug auch dieser Schritt den Makel der Halbheit: Trotzki z. B. war noch nicht auf dieser Liste.

Die Liquidierung der vielleicht drückendsten Hypothek aus der jüngsten Vergangenheit begann gleichfalls 1987: der Krieg in Afghanistan. Die Intervention wurde nunmehr als Fehler gewertet und der Rückzug vorbereitet.

Die ersten Experimente in Richtung Demokratisierung litten unter den blockierten Kräfteverhältnissen. Sie liefen Gefahr, den Gedanken an Demokratie zu diskreditieren. So trat zwar mit dem 1. Januar 1988 das Gesetz über die Staatsbetriebe in Kraft. Neben der Selbstfinanzierung der einzelnen Betriebe umfaßte es die – nicht nur für sowjetische Verhältnisse – bahnbrechende Bestimmung, daß künftig Belegschaften ihre Fabrikdirektoren selbst wählen sollten. Doch die Praxis beschränkte sich auf einige exemplarische Fälle. Die Selbstfinanzierung, das selbständige Wirtschaften der Betriebe, bricht an der Macht der zentralen Planbehörden ebenso wie an einer Vielzahl von Einschränkungen (die z. B. direkte Beziehungen von Betrieb zu Betrieb verhindern).

Gegen Ende 1987 begannen die bisher eher passiv gebliebenen «werktätigen Massen» vielerorts durch Aktivitäten und Streiks eigenen Forderungen Nachdruck zu geben. Im Mittelpunkt standen der Ruf nach kürzeren Arbeitszeiten, der Entlassung inkompetenter und korrupter Direktoren und Funktionäre sowie Glasnost auch in der

Produktionssphäre. In Kriwoj Rog und Wolgograd protestierten Arbeiter und Arbeiterinnen bei den örtlichen Behörden, daß sie wegen Schlampereien der Funktionäre trotz guter Arbeitsleistung ihre Löhne nicht rechtzeitig bezahlt bekamen.

Die Arbeiterinnen und Arbeiter waren nicht die einzigen. Im Februar nutzte die armenische Bewegung für den Anschluß des autonomen Gebiets Bergkarabach in Aserbaidschan an die armenische Sowjetrepublik die neuen Freiheiten. Massendemonstrationen und Streiks in Jerewan und Stepanakert legten die Zündschnur an eines der explosivsten Fässer der sowjetischen Innenpolitik, die Nationalitätenfrage, und enthüllten zugleich empfindliche Schwachstellen in den Reformkonzepten. Neues Denken in der Nationalitätenpolitik läßt sich bei der obersten Führung bislang nur mit Mühe ausmachen. Das Massaker an der armenischen Bevölkerung im aserbaidschanischen Sumgait war der furchtbare Preis für ihre Bewegungslosigkeit.

Auch der konservative Flügel, der sich bis dahin mit passivem Widerstand begnügt hatte, weil er über kein eigenes Profil verfügte, rührte sich nun. Der Brief der Nina Andrejewa in der Zeitung *Sowjetskaja Rossija* lieferte eine (russisch-)national konservative, stalinistische Plattform gegen die Reform. Der Vorteil, daß die Gegner nun mit wenigstens halboffenem Visier auftraten, blieb jedoch fast drei Wochen lang ungenutzt. Erst dann erschienen Zurückweisungen dieses angeblichen Briefes einer Leningrader Chemieprofessorin. Damit trieb alles auf eine politische Grundsatzentscheidung hin. Die Reformführung entschied sich für mehr Demokratie. Die Informellen wurden durch ein Gesetz, das ihre legale Zulassung regelt, faktisch anerkannt. Mit dem Gesetz über die Genossenschaften erweiterte sich der Spielraum für private Wirtschaftsunternehmen. Die ursprünglich für 1989 geplante Parteikonferenz über die Perestroika wurde auf den Juni 1988 vorverlegt. Die Zeit seither ist gekennzeichnet vom demokratischen Aufbrechen und der Auseinandersetzung zwischen Reformern verschiedenster Couleur und den Konservativen mit einer wenn auch nicht von Rückschlägen freien Tendenz hin zur Vertiefung des Reformprozesses.

Im Vorfeld der Parteikonferenz wurden die Delegiertenwahlen zum Stein des Anstoßes. Daß noch nach dem alten Statut verfahren wurde, enttäuschte die gerade geweckte demokratische Sensibilität. Im Stadion von Omsk versammelten sich 7000 Menschen «für die Perestroika», die sie bei der Delegiertenaufstellung in ihrer Region verletzt sahen. Auf dem Moskauer Puschkin-Platz demonstrierte man für Demokratie und Sozialismus. In Estland nahmen über 150000 Menschen an einer zentralen Kundgebung in Tallinn teil. In Jushno-Sachalinsk kam es sogar zum politischen Streik. Allein aus der Industrieregion Kusbass kamen 75000 Eingaben zu den Thesen des ZK.

Die Konferenz selbst – die erste offene Diskussion von Delegierten der Gesamtpartei seit den 20er Jahren – geriet zur Manifestation für die Perestroika. Die Konservativen konnten nur noch aus der Defensive argumentieren. In einem Diskussionsbeitrag nach dem anderen beschrieben Redner und Rednerinnen wirtschaftliche, soziale und ökologische Probleme, die wegen der Bremser im Apparat nicht zügig oder durchgreifend genug angegangen werden konnten. Die Führung wurde beschworen, mit mehr Tempo und Entschlossenheit gegen solche Kräfte vorzugehen und demokratische Reformen zu beschleunigen. Die Resolutionen der Parteikonferenz entwarfen dementsprechend den weiteren Weg zur Verfassungs- und Parteireform bis hin zu Wahlen im Frühjahr 1989. Ergebnis war der Volksdeputiertenkongreß und ein neuer Oberster Sowjet. Vielleicht weniger spektakulär, aber sicher kaum weniger nachhaltig, kann eine Fortsetzung bei den ersten demokratischen Kommunalwahlen im Herbst 1989 erwartet werden.

...damit die Perestroika unumkehrbar wird:

Mit der Parteikonferenz erhielten die Reformkräfte neuen Schwung. In den baltischen Republiken entstanden die «Volksfronten», die sich als eigenständige Bewegung für die Perestroika verstehen. In Moskau bleibt der gleiche Versuch unter den Informellen bis heute heftig umstritten.

Zudem hatte sich der Aktionsradius für die informellen Gruppen noch einmal erweitert. Vor der Parteikonferenz konnten Moskauer Pro-Perestroika-Klubs auf einer eigenen Konferenz Vorschläge diskutieren, die daraufhin zum Teil durch Delegierte in die Konferenz eingebracht wurden. Statt der Polemik vom vorhergehenden Winter betonte nun die Publizistik die positive Rolle der selbständigen Bewegung und wies ihr einen festen Platz im politischen System der UdSSR zu. Durch das Gesetz über die Kooperativen erschloß sich den Informellen außerdem der Weg, eigene genossenschaftliche selbstverwaltete Wirtschaftsunternehmen aufzubauen. Auf der anderen Seite war der Sommer 1988 aber nicht nur Honigmond für die selbständigen Initiativen. Gleich nach der Parteikonferenz verhängte der Oberste Sowjet zwei Dekrete, die die Bürgerrechte einschränkten: das eine begrenzte die Möglichkeiten von Demonstrationen und öffentlichen Versammlungen; das andere gab den «Spezialtruppen» des Innenministeriums erweiterte Kompetenzen. Wieder einmal schlug, entsprechend der spannungsreichen Koexistenz von mehr oder weniger radikalen Reformern und Herren des Bremsmechanismus das Pendel nach der anderen Seite aus. Sicher auch im Interesse eines Teils der Reformer, die ein Überborden nach linksaußen vermeiden wollen.

Die Umsetzung des Kurses, der mit der Junikonferenz begonnen hatte, von der Partei- auf die Staatsebene fand dann, ohne weiteren Zeitverlust, im Herbst statt. Ende September/Anfang Oktober tagten das ZK und der Oberste Sowjet unmittelbar nacheinander. Die Reformer drängten die Konservativen weiter an den Rand; so verlor deren führender Kopf, Jegor Ligatschow, seine Position als «zweiter Mann» und wurde mit der Verantwortlichkeit für den Problembereich Landwirtschaft abgefunden. Umgehend folgte die Erarbeitung von Entwürfen für die Verfassungsreform und ein demokratisiertes Wahlsystem und ihre Diskussion in der Öffentlichkeit.

Jenseits aller Kontroversen und offenen Fragen im Einzelfall kann ein Profil dieser Reform ausgemacht werden, das gemessen an den bis dahin obwaltenden Verhältnissen in der UdSSR und Ländern ähnlichen Typs in ihrer Reichweite tatsächlich einer Revolution nahekommt:

Im Mittelpunkt steht die radikale Aufwertung der Räte, der Sowjets, als Organe der Staatsmacht, wie es mit der Revolution von 1917 beabsichtigt worden war. In Zukunft werden die Abgeordneten demokratisch nach öffentlicher Diskussion aus einer Vielzahl von Kandidaten und Kandidatinnen gewählt. Das Mandat wird für die Dauer der Legislaturperiode zu ihrem entlohnten Hauptberuf, während es bislang nur ehrenamtlich für einige Wochen im Jahr wahrgenommen wurde. Somit werden jetzt die Voraussetzungen geschaffen, damit Sowjetdeputierte sich fachliche und politische Kompetenz aneignen können, was die angestrebte Trennung der Staats- und Parteiapparate erst ermöglichen wird. Die Begrenzung der Amtszeit auf maximal zwei Perioden soll verhindern, daß eine neue bürokratische Schicht entsteht. Die unteren, vor allem die lokalen Sowjets erhalten mehr Entscheidungsbefugnisse. Selbstverwaltung, Selbstversorgung, Selbstfinanzierung und Koordinierung der regionalen Interessen mit denen des Gesamtstaats heißen die Leitlinien für ihre zukünftige Tätigkeit.

Die Wahlkampagne und die Debatte um die Verfassungsänderung wirkten besonders im Winter 1988/89 als politischer Brennpunkt für die erwachende «bürgerliche Gesellschaft».[1] Auf Versammlungen prallten die verschiedenen Kräfte und Meinungen aufeinander, z. B. als Pamjat-Vertreter versuchten, die Wahl des radikalen Chefredakteurs der Reformschrift *Ogonjok*, Korotitsch, zu verhindern oder als eine Massenversammlung die Akademie der Wissenschaften darauf drängte, Sacharow für ein Abgeordnetenmandat aufzustellen.

Vertreter des alten Denkens verschwanden in sichere Wahlkreise, um sich der Auseinandersetzung und eventuell der Niederlage nicht stellen zu müssen.

Brisanz bekam die Verfassungsdiskussion nicht zuletzt aber durch die Nationalitätenfrage. Das Prinzip, Entscheidungen nach unten zu verlagern, griff der estnische Oberste Sowjet offensiv auf und nahm am 16. November 1988 eine Erklärung an, die sich für die Souveränität der Republik ausspricht.

Mit der Wahlkampagne und mit dem Kongreß der Volksdeputierten erreichte die demokratische Reform der Politik einen – vorläufigen – Kulminationspunkt. Zwar enthielt das Wahlverfahren etliche Filter. Statt die Direktwahl zum Obersten Sowjet zuzulassen, wurde der Kongreß der Volksdeputierten als gigantisches Wahlmännergremium dazwischengeschaltet. Außerdem genossen die Partei und ihre ehemaligen Transmissionsriemen, die gesellschaftlichen Organisationen, diesmal noch Schutz vor dem Sprung ins kalte Wasser. Statt ohne Netz und doppelten Boden vor der Wählergunst bestehen zu müssen, blieb ihnen ein garantiertes Reservat von einem Drittel vorweg festgelegter Sitze. Das verhinderte nicht, daß ein echter Wahlkampf um die übrigen Mandate geführt wurde, der zu einer seit Jahrzehnten nicht mehr gekannten Politisierung breiter Schichten beitrug. Im Ge-

1 «Bürgerliche Gesellschaft» wird hier im Gramscischen Sinne (societa civile) verwendet, d. h. als die vom Staat unterschiedene Gesellschaft. In der UdSSR heute ist damit die Aufgabe bezeichnet, die Gesellschaft vom Staat zu emanzipieren.

genteil! Gerade die Haken und Ösen dieser Demokratisierung entfachten die öffentlichen Diskussionen. Mit dem Kongreß entfaltete sich vor Augen und Ohren des Sowjetvolks ein vielschichtiges Panorama von Meinungsunterschieden – das, was für die Zukunft am meisten zählen wird.

Es hat sich gezeigt, daß die Perestroika sich nur in Zickzacks voranbewegt. Auf Jelzins Riesensieg in Moskau und den dramatischen Denkzettel für den Parteiapparat in Leningrad folgte der 8. April mit zwei Vorkommnissen, die die Stärke der Gegenseite demonstrierten und konsequente Perestroika-Anhänger verwirren und schmerzen mußten: in Tbilissi veranstalteten die allein dem Innenministerium unterstellten Sondertruppen ein vorweggenommenes Mini-Peking, als sie eine georgische Demonstration mit gezielt grausamer Gewalt auseinanderjagten. Am gleichen Tag erschien in der zentralen Presse ein Dekret, das mit sofortiger Wirksamkeit die «Diskreditierung staatlicher Organe» zum strafwürdigen Vergehen erklärte: ein Rückfall in die Pseudojuristerei totalitärer Machart.

Doch die Aktivitäten der Gesellschaft werden durch dergleichen nicht mehr zu stoppen sein. Der Volkskongreß war begleitet durch riesige Massenkundgebungen in einem Moskauer Park. Neue Strukturen und politische Möglichkeiten entstanden durch die Repräsentanz von Vertretern der «revolutionären» Perestroika im Volkskongreß und ihrer Entschlossenheit, ihre Politik besser miteinander zu koordinieren, z. B. als Zusammenschluß der «Moskauer Deputierten».

Gewinner und Verlierer der Perestroika

Doch der Mensch lebt nicht von Politik allein. Die wirtschaftliche Misere, an der die Perestroika, bei allem guten Willen, Entscheidendes noch nicht ändern konnte, wirft lange Schatten, die zum Fragezeichen über die Zukunft der Sowjetgesellschaft werden. Dabei läßt sich die Realität immer weniger mit der ebenso verbreiteten wie simplen Formel fassen, wonach die Intellektuellen sich von der «Moral» und hehren emanzipativen Zielen leiten lassen, während die dumpfen Massen nur «das Fressen» interessiert und ihnen zugetraut werden muß, aus Ungeduld für die Konservativen zu revoltieren. Das stimmt weder von der Sozialanalyse her, noch mit dem wirklichen Engagement der Menschen für die Perestroika, die in der Intelligenz und unter Arbeitern und Bauern zu finden sind.

Die Analyse von Befürwortern und Gegnern der Perestroika wurde von der schon genannten Soziologin Saslawskaja unternommen, die, inzwischen Präsidentin des sowjetischen Soziologenverbandes, als Direktorin dem ersten Meinungsforschungsinstitut der UdSSR vorsteht und zur Volkskongreßdeputierten gewählt wurde.

Saslawskaja hat beobachtet, daß die gesellschaftliche Auseinandersetzung immer mehr Menschen zur Stellungnahme zwingt. So sieht auch sie in der weiteren Demokratisierung das Unterpfand für die Unumkehrbarkeit der Perestroika. Sie allein ermöglicht, der Passivität ein Ende zu setzen.

Tatsächlich greift die Perestroika zahlreiche Besitzstände, vom sicheren, mit zynischer Nachlässigkeit ausgefüllten Arbeitsplatz an der Werkbank bis zum privilegierten Zugriff der Bürokraten auf Mangelwaren an. Andererseits haben diejenigen etwas zu gewinnen, denen die Hindernisse für einen reibungslosen Produktionsprozeß auf die Nerven gehen, wie auch jene, die Eigeninitiative an den Tag legen. Dabei gewannen in den vergangenen drei Jahren manche berufliche Kategorien, die bislang zu den alleruntersten Rängen gehörten, zusätzliches Sozialprestige und mehr Lohn. Das gilt z. B. für das Gesundheitswesen, wo fast nur Frauen beschäftigt sind.

Die Perestroika hat den Wettlauf mit der Zeit noch nicht gewonnen. Unter den «werktätigen Massen» gibt es zweifellos breite Schichten, die mit Nostalgie an die Breschnew-Ära zurückdenken, wo die gemeinsame fiktive Planerfüllung Management und Belegschaften zu Kumpanen werden ließ, von denen die einen von den anderen nicht zuviel verlangten. Entscheidend wird sein, ob die Härte des Alltags insoweit erleichtert wird, daß den Menschen nicht die Luft ausgeht, um ihre Demokratie zu nutzen. Genau das ist letztlich der Hintergrund der Streiks im Kusbass und im Donbass, mit denen die Arbeiter eigenständig auf den politischen Plan traten. Nicht um gegen die Perestroika zu protestieren, sondern um ihre möglichst rasche und radikale Realisierung einzufordern. Darin treffen sich die Bergarbeiter Westsibiriens und des Dongebietes mit der ersten parlamentarischen Oppositionsgruppe der UdSSR seit 70 Jahren, der «Interregionalen Gruppe der Deputierten», die während der ersten Sitzung des vom Volkskongreß neugewählten Obersten Sowjets Ende Juli gegründet wurde. Zu ihren führenden Leuten zählen die «Moskauer Deputierten», die Radikalen des Volkskongresses wie Jelzin, Sacharow, Afanasew, aber auch Abgeordnete aus dem Baltikum und anderen Gebieten, Streikkomitees, ihre wohlwollende Kommentierung in den wichtigsten Zeitungen und die Formierung von unterschiedlichen Fraktionen in den politischen Institutionen – all das sind weitere Schritte politischer Normalisierung und Reifung. Gewachsen sind sie aus dem Zusammenspiel dreier Faktoren: der Reform von oben, den Bewegungen von unten und deren Ausgreifen auf die politischen Institutionen und Machtpositionen.

Von Klubs und neuen Parteien

Das Leben bei uns ist nicht leichter,
aber es ist fröhlicher geworden.

Leonid Batkin

Mangel an «Luft zum Atmen» diagnostizierte Gorbatschow in der Sowjetgesellschaft. Um dem abzuhelfen, verordnete er Glasnost und Demokratisierung.

Eigeninitiative ist plötzlich gefragt. Das ließen sich viele nicht zweimal sagen. Nicht nur der alte Untergrund testet halb- bis völlig legale Spielräume aus. Viele, vor allem Jüngere, engagieren sich zum erstenmal, ebenso Menschen, die in der «Stagnationszeit» nur ihren eigenen Gedanken in der inneren Emigration nachhingen.

Aus der ersten Handvoll Klubs, die sich 1986 gründeten und ihre (kritische) Solidarität mit der Perestroika erklärten, und einigen ökologischen Aktionen wurde in kurzer Zeit explosionsartig eine breite, unübersichtliche Bewegung von Tausenden von Zusammenschlüssen unterschiedlichster Art in allen Sphären der Gesellschaft. Da gibt es eine neue Blüte der Samizdatpublizistik, die heute über andere Freiräume verfügt, wenn sie auch materiell weiterhin engen Grenzen unterliegt. Viele Gruppen bildeten sich als Reaktion auf einzelne Mißstände; andere gaben sich allgemeine politische Plattformen und sehen ihre Aufgabe darin, als Geburtshelfer für andere Klubs oder Initiativen zu wirken. Schließlich entstanden nach und nach Ansätze für neue Parteien oder ähnliche Versuche, die Vielfalt der Gruppen organisatorisch zusammenzufassen. In beeindruckender Weise gelang das vor allem in den baltischen Volksfronten.

Stammbaum der informellen Bewegung?

Um es gleich vorwegzunehmen: Die informelle Bewegung heute ist weder die Fortsetzung der Bürgerrechtsbewegung noch die Politisierung des Jugendundergrounds der 80er Jahre. Beide Traditionen bilden zwar einen historischen, teilweise auch personellen Hintergrund. Mit der Perestroika änderten sich aber sämtliche politische Parameter – sozialer Raum entstand für größeren Radikalismus, für Aktionen zu anderen Themen (als «nur» Bürgerrechte), für ausgereiftere Organisationsformen und Taktiken innerhalb der breitgefächerten selbständigen Bewegungen und gegenüber dem Perestroika-Establishment.

Für die ersten Risse in der Breschnewschen Betongesellschaft auf Massenebene war allerdings die Jugendkultur symptomatisch. Um Rockmusik als Vision eines anderen Lebens ohne das Risiko der Bürgerrechtler tragen zu müssen, kristallisierte sich ein alternatives Milieu, das bis heute, wenn auch in veränderter Form, in der Rockszene nachwirkt.

Bei der Frage nach dem Verhältnis zwischen den Bürgerrechtlern und der informellen Bewegung heute können Kontinuität und Bruch schärfer beschrieben werden als für den Jugenduntergrund. Einige Gruppen aus den 70er Jahren setzen direkt ihre damals begonnene Arbeit fort, dazu gehört z. B. die Gruppe «Doverie» (Vertrauen). Dabei ist ihnen häufig eigen, daß ihr Denken und Handeln in der alten Kräftekonstellation verhaftet bleibt. Die «Macht» ist immer noch die «Macht», der man in unversöhnlicher Haltung gegenübersteht. Ein Unterschied zwischen Reformern und Bremsern wird kaum gemacht. Die informelle Bewegung bleibt gleichfalls suspekt, weil sie sich meist positiv auf die Perestroika bezieht.

Einzelne der großen Persönlichkeiten aus der Menschen- und Bürgerrechtsbewegung der 60er und 70er Jahre mischen sich demgegenüber auf andere Weise ein. Sacharow engagierte sich in der Bewegung «Memorial», vor allem aber in der Prominenten-Initiative «Moskowskaja Tribuna», die sich darauf eingestellt hat, Perestroika in einer möglichst radikal demokratischen Variante zum Durchbruch zu verhelfen.

Larissa Bogoraz, eine der acht, die im August 1968 die unglaubliche Zivilcourage hatten, auf dem Roten Platz gegen den Einmarsch in der ČSSR zu protestieren, sah in einem persönlichen Gespräch den Zusammenhang zwischen damals und heute so:

«Es gibt enorme Veränderungen in unserem Land – nicht alle nur positiv; manche sind beunruhigend. Mir ist das Wichtigste, daß die Menschen ein hohes Niveau politischer Aktivität halten können... In der Menschenrechtsbewegung, an der ich damals auch teilgenommen habe, waren wir nur ganz wenige Leute. Man bezeichnete uns als Fremdkörper. Heute nehmen sehr viele Menschen an Aktivitäten teil – und alles das kam ganz unerwartet. Die Menschenrechtsbewegung wurde von moralischen Ideen und Gefühlen inspiriert, und sie kümmerte sich nur wenig um die jeweiligen äußeren Umstände. Heute sind die Aktiven viel politisierter; es geht nicht mehr nur darum, das moralische Klima zu verändern, sondern auch um politische Ziele. Es gibt heute nicht mehr nur die Möglichkeit, aus einer unversöhnlichen moralischen Haltung heraus gegen ‹die Macht› zu stehen. Ich stimme zwar nicht in allem Gorbatschow zu, aber ich habe doch – und das war früher nie so – den Eindruck, daß wir eine bestimmte Wegstrecke gemeinsam zu gehen haben. Und wir haben einige wirklich demokratische und progressive Leute, einige Leute mit einem hochentwickelten Menschenrechtsbewußtsein unter denen, die (zum Volkskongreß) gewählt wurden. Aber die Menschenrechtsbewegung ist nicht etwas, was unwiderruflich Vergangenheit ist. Es wäre gut, wenn die heutige Bewegung, in der ich viele gute Leute, junge Leute, sehe und mit denen ich zusammenarbeite, von unseren Erfahrungen lernen würde, daß Konfrontationsmethoden wieder zurückführen in den ‹kalten› Bürgerkrieg. Wir brauchen eine Kultur des Kompromisses und nicht der Konfrontation.»

Anfänge

Kulturökologisch engagierten jungen Leuten gelang es zuerst, mit spektakulären Aktionen Schlagzeilen zu machen. So besetzte eine Gruppe von Studenten und Schülern 1986 den Moskauer Schtscherbakow-Palast, ein Bauwerk aus dem 17. Jahrhundert, das abgerissen werden sollte. Sie schafften es, zwei Monate lang das Gebäude zu besetzen. Kirill Parfenow konnte sogar als Vertreter der Gruppe im Fernsehen auftreten. Mit ihrer Aktion machten die Besetzer auch deutlich, daß die offizielle Gesellschaft für Denkmalschutz völlig unter der Kontrolle russischer Nationalisten steht, die sich mehr mit antisemitischen Kampagnen beschäftigen als mit ihrer eigentlichen Aufgabe, dem Erhalt historischer Gebäude. Parfenow und die Seinen hatten am Ende Erfolg. Der Palast blieb stehen.

In Leningrad, wo bis heute Ökologie und Kulturökologie wichtige Schwerpunkte für die Informellen sind, organisierte der «Rat für Kulturökologie» einen breiten Protest, als das alte *Hotel Angleterre* abgebrochen werden sollte, in dem sich einst der Dichter Jessenin das Leben genommen hatte.

Im Bereich der Ökologie entwickelte sich rasch ein Zusammenspiel ökologischer Gruppen und angesehener Wissenschaftler oder Literaten wie Valentin Rasputin, etwa, um den wahnsinnigen Plan zu vereiteln, die riesigen, nach Norden fließenden sibirischen Ströme umzuleiten, die die zentralasiatischen Steppen bewässern sollen.

Während in Leningrad vielfach die (Kultur-)ökologischen Vereinigungen (z. B. «Epizentr») gleichzeitig die Rolle des Impuls- und Initiativengebers in anderen Bereichen ausfüllten, übernahmen in Moskau die Klubs diese Funktion.

Der Moskauer Klub sozialer Initiativen

Der erste von ihnen war der «Klub sozialer Initiativen» (KSI) bzw. sein Vorläufer «Nasch Arbat» (Unser Arbat). «Nasch Arbat» war ein Jugendclub mit unterschiedlichen sozialen Aktivitäten, u. a. organisierte er ein eigenes Theater und einen Computerklub. Die angeschlossene selbstverwaltete Baubrigade errichtete in Sagorsk, ca. 70 km von Moskau entfernt, eine Schule für Taubstumme. Aus all diesem ging im Herbst 1986 der KSI hervor.

Eines der Gründungsmitglieder, Grigori Pelman, erinnert sich: «Wir kamen zusammen mit Gleb Pawlowski, der damals gerade erst aus der Verbannung nach Moskau zurückkam, außerdem mit Boris Kagarlitzki, Michail Maljutin und Aleksandr Berkowitsch – und wir gründeten den Klub. Damals gab es eigentlich noch keine gesellschaftliche Bewegung in unserem Land. Der Klub war nur ein Schritt. Wir hofften, damit zu einer Bewegung zur gesellschaftlichen Erneuerung beizutragen.» Der KSI betrachtet sich als kritisches Ferment *in* der Perestroika und nicht als Opposition. Seine Hauptaufgabe sieht er darin, andere Klubs und auch Kräfte außerhalb der informellen Bewegung, namentlich Politiker und Wissenschaftler, zum Gedankenaustausch über die wichtigsten sozialen Probleme und zu gemeinsamen praktischen Initiativen zusammenzubringen.

Die eigene Arbeit reicht vom Aufbau eines Informationszentrums über die informelle Bewegung weiter über die Organisation von Konzerten oder Lesungen bis zur Unterstützung von Behindertensport. Diskussionen haben dazu geführt, daß der KSI sich schon 1987 öffentlich in die Debatte über die betriebliche Selbstverwaltung einmischte.

Ebenfalls 1987 organisierte der Klub im Mai ein «Ökologisches Festival der schöpferischen Jugend» und brachte ein breites Spektrum von Umwelt- und anderen Gruppen zusammen. Ökologie wurde dabei, ähnlich wie bei den Grünen und Alternativen im Westen, nicht beschränkt auf Umweltschutz verstanden, sondern in einem ganzheitlichen, d. h. sozialen, geistigen und moralischen Sinne.

Highlights: Die Konferenz vom August 1987

Dank der publizistischen Hilfe von Marina Mulina, Redakteurin der Komsomol-Zeitung *Sobesednik*, kam der u. a. vom KSI propagierte Gedanke an eine erste Konferenz der neuen informellen Vereinigungen in Umlauf. Schließlich gab das Moskauer Stadtkomitee – damals noch unter der Führung Jelzins – grünes Licht. Vier Tage lang diskutierten unter dem Titel «Gesellschaftliche Initiative in der Perestroika» Repräsentanten von ca. 50 Gruppen und Klubs aus 12 Städten der RSFSR über ihre weiteren Perspektiven. Aber auch Vertreter der «Dissidenten-Bewegung der 60er Jahre» nahmen daran teil. Die Konferenz wurde zum ersten Dialog zwischen den politischen Generationen. Das war nicht immer ganz einfach, da die «Offiziellen» an mancher radikalen Rede, insbesondere der Dissidenten, Anstoß nahmen. Doch womöglich noch intensiver beschäftigten sich acht Arbeitsgruppen damit, bei einzelnen Themen wie Politik, Ökologie, Kultur usw. zu Ergebnissen zu kommen. Besonders hervorzuheben ist die Arbeitsgruppe, die sich mit «Nationalismus und Extremismus» auseinandersetzte. Im Ergebnis grenzte sich die Konferenz scharf von chauvinistischen und antisemitischen Gruppierungen wie «Pamjat» ab.

Um die Frage nach einer Koordinationsstruktur gab es schließlich den Beschluß, entsprechend den nicht miteinander zu vereinbarenden Positionen zwei Assoziationen zu bilden. Der «Ring gesellschaftlicher Initiativen» organisierte sich als breite Bewegung, ohne feste Strukturen und mit einer sehr allgemeinen Plattform. Die «Föderation sozialistischer gesellschaftlicher Klubs (FSOK) zielte eher auf eine Organisation mit verbindlichem Programm ab. Anfangs schien es, daß dem zweiten Konzept mehr Chancen eingeräumt wurden. Doch inzwischen hat sich die Föderation nach einem etwa einjährigen aktiven Leben in eine andere Form transformiert: die «Union der Anarchosyndikalisten», und ist damit eher unter die Organisations- und Parteiansätze zu zählen, von denen noch zu reden sein wird. Damit jedoch ist die Frage, ob und wie sich die Bewegung wirkungsvollere Strukturen aufbauen kann, noch lange nicht beiseite gelegt.

Noch andere weitreichende Initiativen gingen von dieser Konferenz aus. Hier wurden die ersten Unterschriften gesammelt unter einen Aufruf der Gruppe «Pamjatnik», der sich dafür einsetzte, den Opfern der stalinistischen Repression Denkmäler zu setzen. Aus «Pamjatnik» wurde dann später eine der stärksten Massenbewegungen der Perestroikazeit: «Memorial». Ihre Gründung erklärt auch eine neue Gruppe, die sich für demokratische Rechte und die Rechte des Individuums einsetzt: «Graschdanskoje Dostoinstwo» (Bürgerliche Würde), die bis heute eine der wichtigsten und aktivsten unter den Moskauer Klubs ist. Eine Initiative anderer Art wurde ebenfalls auf dieser Konferenz vorgestellt: das Projekt «Miloserdie» (Mitleid), die sich eigenständiger karitativer Arbeit verschrieben hat und durch diese Tätigkeit mit dazu beiträgt, die wirklichen und früher unter dem Mantel des Schweigens gehaltenen sozialen Mißstände unterprivilegierter Gruppen aufzudecken. Ähnlich wie «Memorial» wuchs auch «Miloserdie» inzwischen zu einer respektierten gesellschaftlichen Massenorganisation an.

Gegen den Wind

Nach diesem vielversprechenden Sommer brach im Herbst mit dem Jelzinsturz für die Informellen eine schwarze Periode an. Die Nutzung von z. B. Räumen verweigerten die Parteigremien nun häufiger als vorher. Die Diktion der Presse war, was die Informellen anging, weit in Vor-Glasnost-Zeiten zurückgefallen. Doch nahe dem Nadir-Punkt in jenem Winter zeigten einige Informelle, daß sie weit davon entfernt waren, sich vor dieser Welle von Verleumdungen zu ducken. Die FSOK veranstaltete im Januar ihre Konferenz, um die Kontinuität zur Augustkonferenz zu unterstreichen. Einen Monat darauf organisierte der KSI zusammen mit dem Soziologenverband eine Konferenz über betriebliche Selbstverwaltung. Für die Behörden ein Schrecken, denn es ging das Gerücht um, dort werde eine neue Arbeiterpartei gegründet.

Im März bedachten die Moskauer Informellen Stalins Todestag mit mehreren großen antistalinistischen Demonstrationen. Im gleichen Monat mußten sie sich mit einem Gesetzesprojekt der Regierung auseinandersetzen, das den Status und die Tätigkeit der «freiwilligen gesellschaftlichen Organisationen» regeln sollte. Weil das geltende Gesetz aus dem Jahre 1932 zu einer Zeit in Kraft gesetzt worden war, als informelle Gruppen im gegenwärtigen Sinn nicht existieren konnten, gab es sehr weite Spielräume frei, die der Gesetzentwurf von 1988 unterbunden hätte. Die Moskauer Klubs kamen zusammen und starteten eine Kampagne dagegen, verbunden mit der Erarbeitung eines alternativen Entwurfs. Es gehört wahrscheinlich zu den größten Erfolgen der Klubs, daß es gelang, noch kurz vor der Veröffentlichung des Dekrets seine Rücknahme durchgesetzt zu haben.

Der zweite große politische Augenblick des Jahres für die Klubs kam im Vorfeld der Parteikonferenz. Auf einer Vorbereitungsversammlung, etwa einen Monat vorher, wurden die ZK-Thesen als gefährliche Kompromisse erklärt, weil sie zur Desorientierung der Perestroika führen müßten. Dagegengestellt wurden die Umrisse einer tiefgreifenden politischen Reform, u. a. die Übertragung von Glasnost auf die Partei selbst, z. B. durch öffentliche Darstellung der Delegierten, durch Übertragung der Debatten – auf der Konferenz, aber auch von der ZK-Sitzungen – in den Medien. Im weiteren wurde die Partei aufgefordert, sich selbst «von einer Organisation, die ‹im Namen des Volkes› durch eine degenerierte Kaste von Partokraten regiert», umzuwandeln in eine «echte politische Organisation», z. B. durch völlige Trennung von den Staatsfunktionen, die ausschließlich an die Sowjets übergehen sollten. Die Zulassung von Fraktionen in der Partei und «eine Diskussion über das Einparteiensystem» fehlte ebensowenig wie eine Reihe von Forderungen nach allgemeinen demokratischen Rechten und dem Respekt vor einer unabhängigen, für alle gleich geltenden Justiz. Schließlich wurde die Partei aufgefordert, die Interventionen in der ČSSR 1968 und in Afghanistan 1979 zu verurteilen und den Einsatz von Truppen in anderen Ländern zu verbieten bzw. im Falle des Warschauer Paktes sich nicht in die Angelegenheiten der zugehörigen Länder einzumischen.

Diese Plattform wurde zu einer Diskussion ins ZK lanciert, mit der Absicht, sie zum Gegenstand der Parteikonferenz selbst zu machen. Das gelang nicht. Doch wurde der Text auf verschiedenen Wegen verteilt und war etlichen Konferenzdelegierten bekannt.

Auf dieser Vorbereitungskonferenz der Informellen wurde außerdem ein weiterer Versuch gestartet, die Klubs – wenigstens auf Moskauer Ebene – dauerhaft zusammenzuschließen. In einer Abschlußerklärung sprachen sich die Versammelten dafür aus, eine «Moskauer Volksfront» zu gründen, nach den Vorbildern in den baltischen Republiken.

Kurze Zeit später kam die Moskauer Volksfront auch tatsächlich zustande. Unstimmigkeiten über das Konzept – Koordination selbständig bleibender Klubs oder festere Organisation – prägten die Gründungsversammlung. Gruppen wie der KSI und Obschtschina, Graschdanskoje Dostoinstwo usw. konnten sich nicht mit einer Organisationsstruktur anfreunden, die ihrer Meinung nach die Autonomie der einzelnen Vereinigungen untergrub.

Der Sommer 1988 war bestimmt durch Aktivitäten. Das hieß auch, in der Nacht Absprachen zu treffen, Flugblätter oder Samizdatzeitungen herzustellen usw. Aber es gelang den Klubs weder das Gesetz zu verhindern, welches erhebliche Auflagen für Demonstrationen und öffentliche Versammlungen einführte, noch das Dekret über die Spezialtruppen des Innenministeriums abzuwehren.

Neue Wege . . .

Ein anderes Gesetz vom Sommer 1988 öffnete für die Informellen neue Türen: das Gesetz über die Kooperativen. Findige Geister begriffen schnell, daß lange gehegte Projekte, deren Verwirklichung bis dahin an mangelnden Finanzen oder Infrastrukturen hatte scheitern müssen, eine Chance bekämen, wenn man sich dafür entschied, eigene Wirtschaftsunternehmen aufzubauen. Ähnlich der westlichen

Alternativbewegung war es möglich, Arbeitsplätze zu schaffen, die weit mehr gegenüber dem staatlichen Sektor selbstbestimmt sein könnten. Sie ließen sich gut mit politischen Aktivitäten vereinbaren, sei es, daß direkte inhaltliche Verbindungen möglich wurden, sei es, daß nur teilzeitig gearbeitet werden konnte, um genügend Zeit für Politik übrig zu behalten.

In ihren Genossenschaften bemühen sich die Informellen häufig, profitable Branchen, z.B. im Bereich neuer Technologien, mit Dienstleistungen zu kombinieren, die direkt den Aktivitäten der Bewegung zugute kommen. Ein solches Beispiel ist das Informationszentrum für die informelle Bewegung bei der Kooperative «Perspektiva», die u. a. von Mitgliedern des KSI gegründet wurde. Doch nicht nur, um die eigenen Aktivitäten abzusichern, engagieren sich viele Informelle in Kooperativen. Sie wollen vielmehr auch ihre Vorstellungen von Selbstverwaltung, alternativer Produktion und Sozialpolitik praktisch erproben, um durch Erfahrung abgesicherte Beispiele und Konzepte vorweisen zu können.

Die tiefgreifenden Veränderungen auf der politischen Ebene – Stichworte: Verfassungsreform und Wahlkampagne zum Volksdeputiertenkongreß – waren Hauptbezugspunkte für die informelle Bewegung. Die Klubs und Vereinigungen setzten alle ihre Energien ein, um für radikale Kandidatinnen und Kandidaten Wahlkampagnen zu organisieren – eine außerordentlich wichtige Aufgabe, insbesondere in einem Land, das Wahlkämpfe bisher nicht gekannt hat und wo deswegen nur die KPdSU über Mittel für die Kandidatenwerbung verfügte.

Von diesen politischen Reformen gehen tatsächlich die ersten wirklich einschneidenden Veränderungen für die informelle Bewegung selbst aus. Andere, bislang unerreichbare Ebenen, werden zu wichtigen Herausforderungen:

Von jetzt an werden Wahlen eine wirkliche Funktion für den Meinungsstreit und das politische Kräfteverhältnis haben. Dadurch provoziert bilden sich neue informelle Strukturen. Andererseits finden alte und neue Informelle in den radikalen Abgeordneten innerparlamentarische Ansprechpartner, mit denen sie kooperieren oder über die sie Einfluß nehmen können.

Warum sollten sich die Deputierten spalten?

Fragen an Veli Gusein ogly Mamedow und Boris Jelzin

Auf dem Kongreß der Volksdeputierten kam eine «interregionale Gruppe» von Deputierten zusammen, die eine Art eigener Fraktion bildete. Vor einem Treffen der Gruppe in Moskau bat ein Zeitungskorrespondent zwei Volksdeputierte, Veli Gusein ogly Mamedow, erster Sekretär des Bezirksparteikomitees in Baku, der Hauptstadt von Aserbaidschan, und Boris Jelzin, Vorsitzender des Komitees für Bauwesen und Architektur beim Obersten Sowjet, folgende Fragen zu beantworten:

1. Was veranlaßte Ihrer Meinung nach einige der Deputierten, eine interregionale Gruppe zu bilden?

2. Könnte es auch andere Wege geben, um sich über verschiedene Meinungen und Alternativlösungen für die Probleme, die jetzt vor unserem Lande stehen, auseinanderzusetzen?

3. Was sagen Ihre Wähler und Wählerinnen zu der Idee und den Zielen einer solchen Gruppe?

4. Was ist zu tun, damit die Kontroversen, die um diese Gruppe entstanden sind, zum Nutzen aller gelöst werden?

Veli Gusein ogly Mamedow:
1. Im Prinzip bin ich dafür, daß im Parlament unterschiedliche Meinungen zum Ausdruck kommen, und ich bin auch dafür, daß wir uns in Gruppen organisieren. Aber jetzt noch nicht. Wir sind dafür noch nicht weit genug und haben uns noch nicht genügend Glaubwürdigkeit als Parlament aufgebaut. Fraktionismus wird uns jetzt nicht guttun.

Allgemein gesprochen möchte ich die Deputierten nicht aufspalten in zwei Kategorien: die Radikalen, die auf Volkes Stimme hören, und die Konservativen, die den Bossen gehorchen. Wir sind vielmehr ein einheitliches Ganzes, das im großen und ganzen die Entwicklung unserer Gesellschaft im guten wie im schlechten widerspiegelt.

2. Es gibt Leute mit unterschiedlichen Ansichten im Obersten Sowjet und in den verschiedenen Komitees und Kommissionen. Wir sollten dort diskutieren, wo wir ja auch zusammenarbeiten. Alternative Vorschläge können einander gegenübergestellt werden, ohne daß wir uns aufspalten. Vielleicht haben die Kommissionen und Komitees noch nicht ihre Identität gefunden. Vielleicht machen sie Fehler. Aber dann sollten wir sie doch zusammen aufspüren und korrigieren...

3. Ich traf mich kürzlich mit den Seeleuten vom Kaspischen Meer und den Aktiven aus meinem Wahlkreis in Baku. Es gab keine Fragen nach der interregionalen Gruppe. Die Leute machten unserer aserbaidschanischen Delegation den Vorwurf der Passivität, vor allem in der Karabach-Frage. Im großen und ganzen waren sie aber einverstanden damit, wie wir uns verhalten hatten...

4. Ich wünschte, die Organisatoren der interregionalen Gruppe würden innehalten, nochmals nachdenken und einsehen, was sie tun. Sie sollten lieber ihre Aktivitäten in die Kommissionen und Komitees einbringen.

Boris Jelzin:
1. Die interregionale Gruppe hat diejenigen der Deputierten zusammengebracht, die nicht zufrieden sind mit dem Tempo der Perestroika, ihren Halbheiten in der Politik, der Wirtschaft, der Nationalitätenfrage und in den sozialen Bereichen – das alles hat unser Land an den Rand der Krise geführt. Diese Deputierten finden, daß Perestroika den Lebensstandard der Leute nicht verbessert hat – in manchen Bereichen hat er sich sogar verschlechtert. Das Vertrauen des Volkes in die Perestroika ist gesunken. Diese Deputierten wollen entschiedene, radikale, ganze Maßnahmen.

Wir beabsichtigen nicht, wie manchmal behauptet wird, den Obersten Sowjet einer inneren Zerreißprobe auszusetzen, Opposition aufzubauen, um die Macht zu kämpfen oder andere Deputierte daran zu hindern, ihre Vorlagen zur Diskussion zu stellen. Auf keinen Fall. Aber wir wollen als Gruppe ernsthafte Korrekturen an den vorgelegten Gesetzesentwürfen einbringen und zu den Problemen, die uns die dringendsten für unsere Gesellschaft scheinen, eigene Gesetzesentwürfe vorschlagen. Wir werden daran arbeiten, den zweiten und die darauffolgenden Kongresse der Volksdeputierten vorzubereiten. Das ist völlig normal und verfassungskonform. Gibt es zu einer Frage einen Gesetzesentwurf und kommt dann dazu eine Alternative, um so besser. Die beste Fassung wird gewählt und angenommen werden. Das ist normale parlamentarische Praxis in allen zivilisierten Ländern der Welt.

2. Ich glaube, ohne solche Regelungen werden wir zu einem Debattierklub verkommen, und es wird sehr schwierig werden, alternative Entwürfe, insbesondere für Gesetze, zu erarbeiten. Woher sollten sie denn kommen? Niemand ist imstande, solche Entwürfe individuell zu entwickeln. Sollen wir weiterhin dabei bleiben, nur kleinere, gleichsam nur redaktionelle Korrekturen vorzubringen?

3. Mit Leuten aus meinem Wahlkreis treffe ich mich jede Woche. Tausende von Leuten kommen, um mich in Industriebetrieben oder Instituten zu sprechen. Jedesmal bekomme ich drei- bis vierhundert schriftliche Fragen oder Bemerkungen. Bis jetzt ist darunter nicht eine einzige negative Äußerung zu unserer Gruppe gewesen.

4. Die Zeit wird erweisen, ob mehr Deputierte sich der Gruppe anschließen werden, ob sie sich weiter ausdehnt. Wir hoffen das...

Eine Initiative, die im letzten Sommer begann, sich auf die gewandelte Realität einzustellen, ist «Moskowskaja Tribuna». Ihr Ursprung steht mit der 19. Parteikonferenz im Zusammenhang. Einige der prominentesten Politiker dachten daran, eine eigene Vereinigung zu bilden. Viele wie Sacharow, der Wirtschaftswissenschaftler Abalkin oder die Historiker Afanassew und Gefter schrieben einen «Offenen Brief», um gegen die Art der Delegiertenwahl zu protestieren. Im Herbst 1988 gründeten sie offiziell ihren Klub, der sich als Lobby bzw. Organisator von Lobbies der wichtigsten radikalen Politiker versteht. Die «Moskauer Tribüne» geht davon aus, daß Zusammenschlüsse sich nach politischen Positionen und nicht nach Klassen- oder ähnlichen scheinbar objektiven Kriterien richten sollen.

Inzwischen hat Moskowskaja Tribuna mit fünfundzwanzig Deputierten im Volkskongreß eine sehr gute Grundlage für ihre Politik. Und ein nicht unbeträchtlicher Sektor der Informellen sieht die Notwendigkeit, sich auf diese strategische Schaltstelle zu beziehen.

Die Politisierung der öffentlichen Diskussion bringt zudem die Debatte über Ein- oder Mehrparteiensystem auf die Tagesordnung. Erste Organisationsansätze bzw. Fraktionierungen werden im politischen Spektrum sichtbar, wie die «Moskauer Deputierten» im Volksdeputiertenkongreß. Außerparlamentarisch erklärte sich als erste die «Demokratische Union» zur «Oppositionspartei». Inzwischen gründeten Mitglieder des «Klub Perestroika» und andere eine sozialdemokratische Partei. Aus Teilen der ökologischen Bewegung bildete sich ein Organisationskomitee für eine grüne Partei, und einige Mitglieder von Graschdanskoje Dostoinstwo wollen die Partei der Konstitutionellen Demokraten wiederbeleben. Die Anarchosyndialisten formierten sich in einer «Konföderation».

Daran zeigt sich, daß wenigstens die symbolische Herausforderung des politischen Monopols der KPdSU von vielen Aktiven als der nächste Schritt betrachtet wird. Doch möglicherweise gelingt es schon bei den Kommunalwahlen im Herbst 1989, diese nur symbolische Ebene zu verlassen. Das trifft nicht nur für die selbsternannten Parteien zu, die häufig an Traditionen vor der Oktoberrevolution anknüpfen, sondern erst recht für eine neue Form von Klubs, die an unmittelbaren lokalen Betroffenheiten ansetzen oder spezielle Berufssparten organisieren. Einer der interessantesten unter diesen ist das Komitee der Gemeinde Bratejewo. Hier in einer rasch aus dem Boden gestampften Betonhochhaussiedlung entwickelte sich massiver Widerstand gegen den Bau industrieller Anlagen, nachdem die Bevölkerung sich schon mit den Emissionen einer Öl-Raffinerie und einer Kokerei herumzuplagen hatte. Es gelang ihnen, weitere Industrieansiedlungen zu verhindern.

Doch gibt es in dieser Trabantenstadt noch andere Probleme zu lösen. Die Kinder können nur nach einem ausgeklügelten Dreischichtsystem die Schule besuchen, weil es an Räumen und Planstellen fehlt. Freizeiteinrichtungen, z. B. einen Sportplatz, sucht man vergebens. Die Bürgerinnen und Bürger entschlossen sich deshalb nach ihrem ersten Erfolg, insgesamt die Dinge in die eigenen Hände zu nehmen. In Bratejewo wurde das erste Komitee für lokale Selbstverwaltung gewählt – auf einer Konferenz, auf der die gesamte erwachsene Einwohnerschaft der Gemeinde durch Delegierte vertreten war. Aus diesen Klubs der zweiten Perestroika-Generation bekommt u. a. die Moskauer Volksfront seit einiger Zeit einen gewissen Zulauf. Die weitere Entwicklung wird aber nicht nur ein Zusammenspiel von alten und neuen Klubs ergeben, sondern die parlamentarische und institutionelle Ebene mit den Informellen aller Art verbinden.

Für eine neue politische Kultur: die Moskauer Gruppe Graschdanskoje Dostoinstwo

So klein sie ist, spielt die Gruppe «Graschdanskoje Dostoinstwo» (GD, zu deutsch: Menschliche Würde) in der Moskauer Klubszene doch eine wichtige Rolle. Denn ihrem Engagement um eine wirkliche Demokratisierung der Gesellschaft kommt im Perestroika-Prozeß eine Schlüsselrolle zu. In den folgenden Auszügen eines Interviews mit der Zeitung *Freies Wort* der Demokratischen Union stellt Aleksandr Verchovskij, ein Vorstandsmitglied von GD die Gruppe näher vor. Das Interview führte Asja Laschiver.

Asja Laschiver (A. L.): Wann wurde die Organisation gegründet?

Aleksandr Verchovskij (A. V.): Die Geschichte von GD begann im August 1987... Heute hat die Arbeit der GD schon fast die Stufe erreicht, an der zur Gründung von Untergliederungen übergegangen werden kann. Die Mitglieder von GD sind in der Mehrzahl Ingenieure, Angestellte und Kooperativ-Unternehmer. Aber wir halten uns eigentlich nicht für eine Interessenvertretung einer bestimmten sozialen Schicht. Ob es einen Führer gibt? Es gibt einen Vorsitzenden – Viktor Solotarew. Aber zwischen den Vollversammlungen bestimmt der aus sechs Mitgliedern bestehende Organisationsrat die Geschicke der Organisation. Dieser wird jedes halbe Jahr neu gewählt...

A. L.: Welche politische Plattform hat GD?

A. V.: Darauf antwortet man am besten mit Zitaten aus unserer «Programm-Deklaration» vom Herbst 1987: «... Das Maß der Zivilisation und Kultur jeder Gesellschaft muß unserer Überzeugung nach darin liegen, inwieweit sie die Individualität jedes ihrer Mitglieder in Betracht zieht und dessen persönliche und bürgerliche Rechte stärkt.»
«In einer Gesellschaft, deren Mitglieder nur ein schwaches Bewußtsein vom eigenen Wert haben und in der folgerichtig auch keine Tradition gegenseitiger Achtung existiert, bestimmt eine soziale Auslese

den Erfolg, die weniger auf moralischer Qualifikation beruht, als vielmehr auf der Fähigkeit der Kriecherei und der gnadenlosen Ausbeutung Schwächerer.»

«Wir glauben, daß der Grund für die Kette tragischer Ereignisse in der vaterländischen Geschichte zu einem großen Teil in dem für unsere Geschichte charakteristischen Defizit an bürgerlicher Würde beruht.

Wir sind tief davon überzeugt, daß sich gerade hierdurch die Leichtigkeit erklärt, mit der wir von den besseren demokratischen Bemühungen der revolutionären Periode des Landes zum schlechten Beispiel des Totalitarismus gelangten, der voll aufblühte durch die Ersetzung der Volksherrschaft durch die Bürokratie in der ‹Stagnationsperiode›.»

«Ausgehend vom Primat allgemeinmenschlicher Werte gründet GD seine gesellschaftlich-politische Tätigkeit auf der Idee der humanistischen Demokratie, auf den Garantien der Rechte und Freiheiten auch für Minderheiten, auf der Verfaßtheit und Vielfalt des gesellschaftlich-politischen Lebens. Die Realisierung dieser Prinzipien stellt für jede moderne demokratische Gesellschaft ein Minimum dar, unabhängig von seiner herrschenden Ideologie – sofern eine solche überhaupt existiert.»

A. L.: Welche besonderen Arbeitsformen haben Sie? Welche Ihrer Erfolge halten Sie für die wichtigsten?

A. V.: Im Herbst 1987 bildete die Verteidigung von Opfern bürokratischer Repressionen eine unserer Hauptaufgaben. Mit der Zeit verschob sich der Schwerpunkt jedoch immer mehr ins Politische ...

Im Frühjahr dieses Jahres bildeten Versammlungen, öffentliche Auftritte, die Herausgabe eines Bulletins, das Verfassen von Flugblättern und Gesetzesinitiativen wie auch Seminare unsere Hauptaktionsformen. Manchmal sagt man uns, dies sei für eine politische Organisation zu wenig. Damit sind wir nicht einverstanden. In unserem Land war über Jahrzehnte das gesellschaftliche Leben paralysiert. Mit allen Problemen beschäftigte sich entweder der Staat oder solch gigantische Organisationen wie die KPdSU oder der Komsomol. Im gigantischen, «staatlichen» Maßstab kümmert man sich aber nicht um die Verteidigung von Denkmälern oder den Umweltschutz. Daher kommt die Überzeugung der Mehrheit unserer Unterstützer, daß man, um etwas zu erreichen, eine mit der Größe der KPdSU vergleichbare Organisation aufbauen muß. Aber schauen wir uns einmal an, was wir erreichen wollen! Wenn es die Macht ist, ja, dann brauchen wir eine Massenpartei. Unser Ziel ist aber ein anderes: uns und anderen zu helfen, vollwertige Subjekte des gesellschaftlichen und politischen Lebens zu werden.

A. L.: Zum Schluß, wie ist Ihr Verhältnis zur Demokratischen Union (DS)?

A. V.: Hier gehen die Meinungen der GD-Mitglieder sehr weit auseinander. Sie reichen von fast völliger Ablehnung bis zur Mitgliedschaft in der DS. Daher kann ich nur meine eigene Meinung darstellen.

Die DS hat die Konfrontation mit der Macht zur Hauptmethode ihres Kampfes erkoren. Das bedeutet nach unserer tiefen Überzeugung, daß der politische Kampf verschärft wird, möglicherweise bis zum folgenschweren Blutvergießen. Gewiß, nicht die DS begann diese Auseinandersetzung, aber die Schlacht, die am 21. August auf dem Puschkin-Platz (von der DS organisierte Demonstration wegen des Einmarsches in die ČSSR) geschlagen wurde, weckt in den Menschen keine guten Triebe. Für GD ist ein strikt evolutionärer Entwicklungsweg das Entscheidende. Und dieser fordert keine verschärfte Konfrontation.

Es gefällt mir auch nicht, daß die DS sich Partei nennt. Die Partei ist eine Form «höherer politischer Betätigung». Doch bei uns befinden sich politische Kultur und politische Aktivität auf einem niedrigen Niveau. Sicher gibt es viele verschiedene Parteien (Republikaner und Demokraten in den USA, Labour-Party in Großbritannien, Sozialisten in Frankreich, Kommunisten in der UdSSR), doch die DS, in der sich politische Antipole wiederfinden, scheint mir überhaupt keine Partei zu sein. Ideal für die heutige politische Lage scheint mir eine breite demokratische Bewegung zu sein, die ihre Aktionen in einem undogmatischen Rahmen koordiniert.

Über die Vergangenheit die Zukunft gewinnen

Geschichtsdiskussion in der Sowjetunion

Ohne die Beantwortung der Frage
«woher?» gibt es keine Antwort
auf die Frage «wohin?»

Michail Gefter

Ein Land entdeckt seine Geschichte neu. Massenhaft machen sich Sowjetbürger, Fachhistoriker wie Laien, auf die Suche nach der Wahrheit über ihre eigene Vergangenheit. Daß dies nicht angenehm werden würde, war von Anfang an klar. Daß es so selbstquälerisch ist, wie es sich heute darstellt, das sahen wohl nur wenige voraus.

Die Aufarbeitung der eigenen Vergangenheit war und ist für die Perestroika von zentraler Bedeutung. Denn will sie sich tatsächlich als dauerhafte Alternative zum Stalinismus etablieren, so muß sie dessen Mythos nachhaltig zerstören. Eine Sowjetgesellschaft mit dem Bewußtsein einer diktatorischen, aber glorreichen Vergangenheit würde das demokratische Modell Gorbatschows in ständige Legitimationsschwierigkeiten bringen. Ebenso wichtig für eine pluralistische Gesellschaft ist die Abkehr vom historischen Determinismus. Wenn aber die Geschichte frei ist von Wahlmöglichkeiten, woher sollen diese dann für die Gegenwart kommen?

Die Geschichtsdebatte gehört zu den Fundamenten der Umgestaltungspolitik: ohne eine Auseinandersetzung um neue Sichtweisen der eigenen Vergangenheit kann auch die Zukunft nicht neu gestaltet werden. Gorbatschow schreibt die Geschichte nicht um, wie vor ihm Chruschtschow oder Breschnew, er ermöglicht vielmehr eine breite Diskussion um das Vergangene.

Diese wurde Anfang 1987 durch zwei Beiträge Juri Afanassjews, des neuen Leiters der Moskauer Archive, eröffnet. Charakteristischerweise erschienen beide in Presseorganen. Auch in der Folge sollte die Presse, unterstützt vom Fernsehen, das zentrale Forum der

Auseinandersetzungen sein und nicht die Fachblätter der historischen Zunft. Afanassjews Kritik richtete sich gegen das von ihm so genannte «stalinsche Schema der Geschichte». Gemeint waren der starre Determinismus der sowjetischen Historiographie ebenso wie ihre konkreten Fälschungen und Auslassungen, die sogenannten «weißen Flecke». Afanassjew wollte die Diskussion vor allem auf die zwei «Knotenpunkte» der Jahre 1917–29 – also von der Revolution bis zum Ende der Neuen Ökonomischen Politik (NÖP) – und 1956–63 zuspitzen. Welche Alternativen hätten damals bestanden? War der Weg zu Stalin und Breschnew wirklich so unvermeidlich, wie es bisher schien?

Doch zunächst wurden diese Grundsatzfragen nur zögernd aufgegriffen. Besonders der Bevölkerung brannte erst einmal die Aufdekkung der konkreten Verbrechen des Stalinismus auf den Nägeln. Die Zeitungen waren – und sind – voll von Enthüllungen über Massengräber, persönlichen Erinnerungen von Repressionsopfern und Anklagen gegen ihre Peiniger. In vielen Städten gründeten sich spontan Geschichtszirkel, die Keimzellen der Gesellschaft «Memorial» entstanden. Der Gedanke an ein Denkmal für die Opfer des stalinschen Terrors wurde geboren. Nicht nur in den Zentren des Riesenreiches wurden die Bürger aktiv. Auch in einem Ort wie der jenseits des Baikal gelegenen Stadt Tschita begannen sich Menschen zu regen. Ein 18-köpfiges «Komitee für die Verewigung des Andenkens unschuldiger Opfer der Repressionen der dreißiger bis fünfziger Jahre» sammelte dort Spenden und archivierte Materialien zu den im Umkreis der Stadt gelegenen Lagern.

Erster Höhepunkt der informellen Geschichtsbewegung waren die im Frühjahr 1987 in mehreren Städten durchgeführten «Wochen des Gewissens». Diese von «Memorial» koordinierte Aktion mit Ausstellungen, Filmen und Konzerten hatte nie gekannten Zulauf. Viele Menschen brachten ihre privaten Dokumente, Briefe oder Urteile aus der Zeit mit, fast alle spendeten Geld. Die Wochen wurden zu einer beeindruckenden Manifestation des kollektiven Gedächtnisses. Die Aura des Stalinismus war nachhaltig zerstört worden. Nichts dokumentierte den Bankrott des offiziellen Geschichtsbildes deutlicher als der Ausfall der Geschichtsprüfungen an allen Schulen im Sommer 1988.

Unterdessen gewann die publizistische Diskussion immer neue Dimensionen. 1987 galt für viele noch, was Michail Gorbatschow auf der

Rede zum 70. Jahrestag der Oktoberrevolution feststellte: die Stalinzeit habe ihre Schrecken und Ungerechtigkeiten gehabt, man müsse sich vor den Opfern verneigen, aber darüber dürfe man keineswegs die großen Erfolge dieser Zeit vergessen. Schließlich sei damals das Land industrialisiert und der Krieg gegen den Faschismus siegreich durchgestanden worden. Jetzt aber hatten die reformorientierten Kräfte bereits viel grundsätzlichere Fragen auf die Tagesordnung gesetzt: Was für einen Sozialismus haben wir überhaupt aufgebaut? Wie prägend ist die stalinistische Praxis eigentlich noch heute?

Versucht man eine Momentaufnahme, so haben sich in der Diskussion der Reformhistoriker zwei Positionen herauskristallisiert. Die eine, von Afanassjew, aber auch vom Politbüromitglied und Gorbatschow-Vertrauten Aleksandr Jakowlew vertreten, sieht in Stalin den großen Konterrevolutionär. Die Jahre ab 1929 bilden für sie den russischen Thermidor, den kleinbürgerlichen Verrat an den Prinzipien des Oktobers. Ihre Alternative ist Bucharin und die NÖP, der Versuch eines evolutionären, politisch und wirtschaftlich liberaleren Weges zum Sozialismus.

Weiter gehen Leute wie der Leningrader Historiker A. Zipko[1]. Sie können in Stalin nicht den großen Verräter erkennen. Vielmehr liege sein grausames Regime zumindest als Möglichkeit durchaus in der antihumanistischen Tradition sowohl des Marxismus als auch der vorrevolutionären russischen Intelligenz begründet. Für sie bewegte sich Stalin bei seiner Ermordung angeblicher Kulaken oder «bürgerlicher Spezialisten» durchaus auf dem Boden des Marxismus. Folgerichtig entwickelt Zipko aus diesen Überlegungen die brisante Frage, ob ein demokratischer Sozialismus überhaupt möglich sei.

Stand 1987 noch die Demontage alter Geschichtsbilder im Mittelpunkt, so geht es jetzt um den nächsten Schritt: die Auseinandersetzung um ein Zukunftsmodell. Daß der Sozialismus dabei eine dominierende Rolle spielt, ist längst nicht mehr selbstverständlich. Vielmehr stehen Begriffe wie «Pluralismus», «Humanismus» oder «Demokratie» immer mehr im Vordergrund. In der Geschichtsdebatte ist das abzulesen an der positiveren Neubewertung der Februarrevolution, der gerade beginnenden kritischen Auseinandersetzung mit Lenin oder der Kontroverse um die verfassungsgebende Ver-

1 Zipko legt seine Ansichten in einem vierteiligen Aufsatz in «Nauka i žizn» 11/88 bis 2/89 dar.

sammlung vom Januar 1918. Schon werden in der offiziellen Presse, etwa durch den Kulturhistoriker und Aktivisten des informellen Klubs «Perestroika 88», Andrej Fadin, Stimmen laut, daß die von den Bolschewiki bereits nach wenigen Stunden gesprengte Konstituante die große demokratische Chance Rußlands war. An das durch sie verkörperte parlamentarische Modell mit mehreren Parteien müsse wieder angeknüpft werden.

Wohin die Diskussion führen wird, bleibt unsicher, die Richtung ist eindeutig: Immer tiefer wird in die Geschichte eingedrungen, immer mehr in Frage gestellt. Das Konzept einer «Geschichte von unten» ist zu einem wichtigen Bestandteil des Demokratisierungsprozesses geworden. Die in diesem Zusammenhang wichtigste Gruppe «Memorial» soll nun dargestellt werden.

Die Notwendigkeit des kollektiven Gedächtnisses: Pluralismus, Demokratie und freier Meinungsstreit bleiben so lange bedroht, wie die Sowjetgeschichte noch von «weißen Flecken», die eher ganzen Kontinenten des Schweigens gleichen, übersät ist. Insbesondere die Stalinisten profitieren vom Fehlen offener Diskussionen. Ihre Legendenbildung blüht unter diesen Bedingungen: Stalin war grausam, ja, aber hat er nicht schließlich den Krieg gewonnen? In den 30er Jahren konnte man noch ruhig über die Straße gehen, da gab es keine Rowdys, Metallisten oder Prostituierten! Unter Stalin waren die Geschäfte voll, die Preise stabil, und heute? Was soll also die ganze Umgestaltung?

Diesen Urteilen den Boden zu entziehen hat sich die im Frühjahr 1987 gegründete «freiwillige historisch-aufklärerische Gesellschaft Memorial» zum Ziel gesetzt. Sie versucht als Geschichtsbewegung von unten eine neues Bewußtsein über die eigene Vergangenheit zu schaffen. Sie dürfte im Moment die größte informelle Vereinigung des Landes bilden. Bemerkenswert ist dabei, daß neben vielen jungen auch alte Menschen der Gesellschaft beitreten.

Bislang wurde ihr staatliche Anerkennung verweigert. Für eine Organisation, der immerhin Berühmtheiten wie Jelzin, Afanassjew, Schatrow und Sacharow angehören, zeigt dies die Stärke der immer noch vorhandenen Widerstände des Apparates gegen eine konsequente Entstalinisierung. Damit nicht genug, behindert er die Arbeit der Organisation zudem erheblich: Sie darf nicht frei über Spendengelder – über eine Million Rubel – verfügen. Die Arbeit Memorials ist zur Zeit tagespolitisch orientiert. So erhob sie ihre Stimme für die

Freilassung der inhaftierten Mitglieder des armenischen Karabach-Komitees oder verurteilte die Polizeieinsätze in Tiflis. In der Provinz finden sich viele Menschenrechtsgruppen unter dem Dach der stark föderalistisch organisierten Gesellschaft wieder, um so unter ihrem Schutz den Pressionen der Bürokratie zu entgehen.

Die eigentliche historische Arbeit kommt in der jetzigen turbulenten Umbruchphase oft zu kurz. Trotzdem existieren bereits bemerkenswerte Ansätze. So begann man mit der Einrichtung eines Archives der Opfer der Repressionen. Hier werden offizielle Dokumente und vor allem Fotos und Lebenserinnerungen der Internierten gesammelt. Ehrenamtliche Freiwillige machen mit Kassettenrecordern und Fragebogen ausgerüstet Hausbesuche und versuchen so in der Tradition der «oral history» Informationen zu sichern. Seminare zur Theorie und Methodik einer «Geschichte von unten» sollen die Arbeit allmählich auf eine wissenschaftliche Basis stellen.

Ein weiterer Schwerpunkt der Aktivitäten ist der Kampf um die Verbesserung der Lage von noch lebenden Repressionsopfern. Memorial versteht sich als Lobby dieser Menschen, die meist von sehr kleinen Renten leben müssen und im Gegensatz etwa zu Kriegsteilnehmern keinerlei Vorrechte genießen. Für die Gesellschaft ehrenamtlich tätige Ärzte und Rechtsanwälte stehen den Betroffenen kostenlos zur Verfügung. Gesetzesinitiativen und Petitionen streiten für eine Erhöhung der Renten. Spendensammlungen sollen die materielle Lage der Stalin-Opfer verbessern. Als ebenso wichtig erweisen sich aber auch die mehr symbolischen Handlungen: So gelang es Memorial bei der diesjährigen Mai-Parade erstmals auch eine Abordnung ehemaliger politischer Gefangener der Stalinzeit mitmarschieren zu lassen. Diese lange verschwiegene Gruppe der Gesellschaft erlangte so offizielle Anerkennung für ihre Leiden. Demselben Zweck dienen Informationsabende, auf denen Ex-Häftlinge über ihre Erlebnisse berichten. Verdrängung und Verschleierung sollen – das ist die Hoffnung – unmöglich werden.

Die Heimat ist in Gefahr. Die Umweltschutzbewegung

Unser Ziel heißt nicht siegen,
sondern überleben.

Motto des Organisationskomitees
der sowjetischen «Grünen»

Um die Umwelt ist es nicht gut bestellt in der Sowjetunion. Bereits 1984 wurden im Roten Buch der gefährdeten Arten 694 Pflanzen und 461 Tiere aufgezählt. 1987 war die Luft in 107 Städten, darunter Jerewan, Novokusnezk und Saparoschje derartig belastet, daß die zulässigen Grenzwerte für Kohlendioxyd, Stickstoffoxyd, Ammoniake o. ä. überschritten wurden. In Mittelasien sinkt die Lebenserwartung durch den übermäßigen Einsatz von Kunstdünger und Pestiziden in den Baumwollkulturen. Besonders die als Pflückerinnen beschäftigten Frauen leiden darunter. Die Wasserqualität von Dnjepr, Wolga oder Don sinkt ständig. In jedem zehnten Fluß werden die zulässigen Grenzwerte um das Zehnfache überschritten. Allein in Sibirien wird jährlich eine Fläche von 600 Quadratkilometern abgeholzt.[1] Die Erbauer des Sowjetstaates haben fast erreicht, was der Schriftsteller Sasubrin 1926 als – damals noch positiv verstandene – Zukunftsvision entwarf: «Möge die mürbe, grüne Brust Sibiriens bekleidet werden mit dem Zementpanzer aus Städten, bewehrt mit eisernen Mündungen der Fabrikschornsteine und gefesselt durch die Trassen der Eisenbahnen! Soll doch die Taiga eingeäschert, ausgeholzt, mag die Steppe zerstampft werden. Sei's drum, es wird unausweichlich sein. Nur auf Zement und Eisen kann der Bruderbund aller Menschen, die eiserne Brüderschaft der ganzen Menschheit errichtet werden.»[2]

Doch nicht der blinde sozialistische Fortschrittsglaube trägt aus Sicht der sowjetischen Umweltschützer die Hauptschuld an der Mi-

1 Die Daten sind dem Beitrag von Alexej Jablokow in Jurij Afanassjews Buch: «Es gibt keine Alternative zur Perestroika», Nördlingen 1988, sowie der Zeitschrift *natur* vom Juni 1989 entnommen.

2 Zitiert nach: Sabine Rosenbladt: Der Osten ist grün?, Hamburg 1986, S. 143.

sere. Sie machen vielmehr die bei fast allen Planern vorhandene Ignoranz und Blindheit ökologischen Problemen gegenüber für die derzeitige Situation verantwortlich. Die Wurzeln dieses Verhaltens lägen im zentralistischen Planungssystem mit der Allmacht der Allunions-Fachministerien. Diese seien nur an der Erfüllung ihrer eigenen Vorgaben interessiert; ökologische Belange kämen darin nicht vor. Derartige Mechanismen führten letztlich zu «ökologischem Abenteurertum», wenn nicht gar «ökologischer Amoralität»[1].

Schlagendstes Beispiel für diesen Befund war das vom Ministerium für Wasserwirtschaft getragene Projekt, bis zu zwölf große sibirische Flüsse umzuleiten. Die Auswirkungen auf die Umwelt wären katastrophal gewesen. Persönlichkeiten des öffentlichen Lebens, darunter viele Schriftsteller, liefen Sturm gegen diesen Plan. Als Anfang 1986, kurz nach Gorbatschows Machtantritt, das Umleitungsprojekt offiziell fallen gelassen wurde, hatten die Umweltschützer ihren ersten großen Sieg errungen. Ähnliche Erfolge wurden bei der Reinerhaltung des Baikalsees erzielt, wo sich besonders der Schriftsteller Valentin Rasputin (*Abschied von Matjora*) stark engagierte. Gemeinsam ist diesen Protestbewegungen der ersten Perestroika-Jahre, daß sie maßgeblich von Prominenten initiiert und getragen wurden.

Seitdem sind überall im Lande Umweltgruppen entstanden. Ihre Zahl wird derzeit auf 40000 geschätzt. Getragen von einfachen Sowjetbürgern, stehen bei ihrer Arbeit meist lokale Probleme im Mittelpunkt. So etwa in Nishni-Tagil, einer Industriestadt im Ural. Die Luftverschmutzung durch die dortige Schwerindustrie hatte Anfang der 80er Jahre katastrophale Ausmaße angenommen: Allein 1987 stieg die Rate der an Bronchitis, Asthma und Allergien erkrankten Kinder um 40%.[2] Als ein weiterer Koksofen in Betrieb genommen wurde, ohne daß – wie versprochen – alte abgeschaltet wurden, entstand eine Bewegung «Reine Luft für die Heimatstadt». Besonders der Aufruf der Frauen und Mütter der Stadt erlangte überregionale Bekanntheit. Das Thema Luftverschmutzung spielte im Wahlkampf zum Volksdeputiertenkongreß eine entscheidende Rolle.

1 So jedenfalls Alexej Jablokow, ein Meeresbiologe, in seinem Beitrag zu Jurij Afanassjews Sammelband: «Es gibt keine Alternative zur Perestroika», a. a. O., S. 307–326.

2 *Moskau News*, Mai 1988.

Das Besondere an Nishni-Tagil ist die gemeinsame Frontstellung der Informellen mit den örtlichen Organen von Partei und Staat gegen die zentralen Ministerien. Denn sowohl die örtliche Presse als auch beispielsweise der Komsomol unterstützten den organisierten Widerstand.

Offener Brief der Frauen aus Nishni-Tagil

An Sie wenden sich werktätige Frauen aus einer der ältesten Städte des Urals – Nishni-Tagil. Mit Furcht und Besorgnis sehen wir, wie sich unsere Stadt in eine staubige Steppe verwandelt. Tonnen giftigen, tödlichen Staubs fallen auf sie herab aus dem 9. Koksofen des metallurgischen Kombinats. Der 9. Koksofen wurde unter Verletzung der Planung ohne angemessene Filteranlagen gebaut. Es war geplant, daß nach seiner Inbetriebnahme der 1. und 2. Ofen stillgelegt würde; darüber berichtete sogar das zentrale Radio optimistisch, ganz zu schweigen von der örtlichen Presse...

Aber es wurde nichts zur Verbesserung der Atmosphäre unternommen. Die Lage in der Stadt verschlechtert sich weiter, da derzeit der 10. Koksofen im Bau ist, der die anderen an Leistung noch übertrifft.

Welche grausame Hand umfaßt das Leben von fast einer halben Million Menschen, der Einwohner von Nishni-Tagil? Wir wollen, daß unsere Kinder gesund aufwachsen, daß sie vollwertige Arbeiter werden und nicht Invalide von Kind an und Kandidaten für das onkologische Zentrum, dessen Fundament auf den Pichtocher Bergen gerade gelegt wurde.

Sicher, das Land braucht Koks. Aber was wäre das für ein Land, wenn es eine ganze Region voll mit Invaliden hätte? Oder ist es bereit, Menschen zu importieren? Welcher ökonomische Nutzen, welcher Vorteil würde diese Barbarei rechtfertigen? Ist der «menschliche Faktor» bei uns in Tagil wirklich nur Material und sonst nichts? Es ist schrecklich, an die Zukunft der Kinder zu denken. Werden sie überhaupt eine haben? Mit der Inbetriebnahme des 10. Ofens sicher nicht. Das ist eine Tatsache, vor der die städtischen Partei- und Regierungsorgane nicht ihre Augen verschließen sollten...

Was wäre nicht alles möglich! Man könnte die schädlichen Betriebe in einem bestimmten Teil der Stadt konzentrieren. Aber niemand möchte sich mit so etwas befassen. An Stelle des Himmels hängen über der Stadt Klumpen weißen, grauen, graublauen und schwarzen Dunstes. Es kann doch nicht sein, daß es allen gleichgültig ist, wie wir leben und wie wir unter diesem Schleier atmen?

Die Fläche des Kombinats wird ständig vergrößert. Auf wessen Kosten? Auf Kosten unserer Gesundheit und der unserer Kinder. Auf Kosten der Gesundheit der Stadt. Die Wasserauffangbehälter werden verschmutzt, deren Rinnen sich in den Fluß Tagil ergießen. Es fiel Schnee, er war schrecklich anzuschauen – schwarz von Ruß.

Was ist zu tun, um der selig schlafenden Stadtverwaltung, dem metallurgischen Kombinat und dem Ministerium für schwarze Metallurgie die Augen zu öffnen? Wie viele Beziehungen braucht es, um den 1. und 2. Ofen zu schließen? Bisher tun sie alles, um uns die Augen zu verwischen. Ein Betrug, der auf dem Unglück unzähliger Familien aufbaut, auf menschlichen Tragödien, auf hundertfachen Unehrlichkeiten. Nur, wer fragt am Ende nach den Schuldigen für die Situation, in der sich die Stadt jetzt befindet? Wir wollen hier normal leben, die Stadt soll normal leben und atmen. Es sollen keine kleinen Kinder durch die Schuld der Erwachsenen nach Luft schnappen müssen. Jener Erwachsenen, die bereit sind, ihre Bedürfnisse zu opfern, die sich nicht um morgen kümmern, die blind am Gängelband der Worte «Plan» und «Notwendigkeit» hängen...

Die Vergrößerung der Fläche des pulmanologischen Kinderkrankenhauses, der Neubau von neuen onkologischen und pulmanologischen Krankenhäusern... Ja, sind das etwa die Methoden des Kampfes gegen das Übel? Die Stadt braucht keinen 10. Koksofen! Sein Bau wäre das Todesurteil für Nishni-Tagil. Dies ist ein Verbrechen gegen die Zukunft, das gar nicht erst stattfinden darf!

Aus: *Uralskij Vestnik* Nr. 1, Febr. 88.

Nicht überall funktioniert die Zusammenarbeit mit Teilen der Lokalmacht so gut wie in Nishni-Tagil. Eigentlich nur dort, wo die in Frage stehenden Projekte ökonomische Interessen der örtlichen Partei- und

Staatsführung berühren. Das Beispiel der Auseinandersetzungen um den Wolga-Tschograi-Kanal zeigt dies deutlich. Der Bau dieses Kanales – einer der wenigen Planteile des Flußumleitungsprojektes, die noch nicht fallengelassen wurden – hätte verheerende Auswirkungen vor allem für den Unterlauf der Wolga und das stark bedrohte Kaspische Meer: Die Laichgründe des Störs und vieler anderer Fische wären von Austrocknung bedroht, die Trinkwasserversorgung ganzer Städte wäre gefährdet. So entstand in den Wolgastädten eine breite Protestbewegung. In diesem Fall reagierte die örtliche Presse wohlwollend. Ganz anders dagegen die Führung der Kalmykischen ASSR, die sich von dem Kanal eine Verbesserung der eigenen Wasserprobleme verspricht; und dies, obwohl Wissenschaftler inzwischen nachwiesen, daß die geplanten Formen der künstlichen Bewässerung in der kalmykischen Steppe zu einer ökologischen Katastrophe führen würde. Trotzdem verteidigt man stur das verhängnisvolle Projekt. Informellen Gruppen begegnet man mit Schikanen und offener Ablehnung.

Der Totalausfall von Glasnost: Tschernobyl

Der Unfall vom 26. April 1986 im vierten Block des Atomkraftwerkes Tschernobyl ließ nicht nur bei uns im Westen die Diskussion um Nutzen und Gefahren der friedlichen Nutzung der Kernenergie neu entfachen. Auch in der Sowjetunion selbst führte die Havarie, die offiziell bis jetzt 31 Opfer forderte (inoffiziell ist von 86 Toten die Rede) zu heftigen Kontroversen. Tschernobyl wurde zur Geburtsstunde einer sowjetischen Anti-AKW-Bewegung. Deren Kritik richtete sich anfangs vor allem gegen die völlig ungenügende Informationspolitik. Denn mit dem Reaktor erlebte damals offenbar auch Glasnost einen Totalausfall. Die Sowjetpresse erging sich in Heldengesängen auf die mutigen Retter von Tschernobyl, auf die Soldaten, die wie in Afghanistan selbstlos ihre Pflicht getan hätten. Die Bevölkerung mußte sich derweil beim amerikanischen «Radio Liberty», bei der britischen «BBC» oder der «Deutschen Welle» informieren, wollte sie etwas über die tatsächlichen Gefahren der Katastrophe erfahren.

Allmählich jedoch wuchs die Kritik der jäh aufgeschreckten Sowjetbürger gegenüber der angeblich so sicheren Kernkraft: In Gegenden, wo AKWs gebaut wurden, formierte sich Widerstand; auch gegen schon bestehende Anlagen wurde protestiert. Angeführt wurden diese Gruppen meist von Naturwissenschaftlern, die durch ihren Einblick in die katastrophalen Sicherheitsstandards früh für die Gefahren sensibilisiert waren. Erste Erfolge dieser Bewegung: die Stillegung des armenischen AKWs in Oktemberjan und die des AKWs Krasnojarsk im Nordkaukasus.

Gerade an der Anti-AKW-Bewegung wird aber auch ein anderes Phänomen deutlich, das bei einem Großteil der Öko-Bewegung zu beobachten ist: die Verschränkung von Umweltschutz und nationaler Frage. Was für die Russen der Kampf um die Reinhaltung von Baikalsee und Wolga ist, was die Esten im Auge haben, wenn sie den Schieferabbau in ihrer Republik ablehnen, das ist besonders für die Ukrainer und Litauer der Kampf gegen die Atomkraft.

Die Problemstellungen sind dabei ähnlich: die Menschen in beiden Republiken fühlen sich durch die AKWs auf ihrem Territorium existenziell bedroht. In Litauen war die nach Tschernobyl begonnene Diskussion um das Kernkraftwerk Ignalina – das vom Tschernobyl-Typ ist – ein Katalysator der nationalen Bewegung. Viele Menschen fühlten sich von den «kolonialen Methoden» des Energieministeriums bedroht. Die gemäßigt nationalistische «Sajudis»-Bewegung nahm die Stillegung von Ignalina ebenso in ihr Programm auf wie die ökologisch orientierte «Zemina»-Bewegung. Der führende Kopf im Kampf gegen das AKW, der Atomphysiker Zigmas Vaisvila, wurde Vorstandsmitglied von Sajudis und im Herbst 1989 Mitglied des litauischen Parlaments. Inzwischen wurde er zum Volksdeputierten der UdSSR gewählt.

Für die Ukraine bedeutete das Tschernobyl-Desaster einen traumatischen Schock. Hier befinden sich 25 % aller sowjetischen AKWs, die 40 % des Atomstroms produzieren. Die seit 1986 entstandene Protestbewegung begreift diese Tatsache auch als Ausdruck kolonialer Ausbeutung der Ukrainer durch die Russen. Entstanden ist sie zunächst als Protest der Schriftsteller auf ihrer Unionskonferenz 1986. Bald schlossen sich andere Gruppen an, unter ihnen die ukrainisch-orthodoxe Kirche. Ihr erster Erfolg war der Baustopp am fünften und sechsten Reaktor von Tschernobyl.

Besonders aktiv ist der im Sommer 1987 in Kiew gegründete «Ukrainische kultur-ökologische Klub». Am 26. April 1988, dem

Tschernobyl-Tag, gelang es dem Klub, in Kiew eine Demonstration mit 500 Teilnehmern zu organisieren. Die Redner wurden allerdings von der Miliz daran gehindert, einige Worte an die Versammelten zu richten.[1] Der Widerstand der Informellen wie der gesamten ukrainischen Anti-AKW-Bewegung richtet sich heute besonders gegen die im Bau befindlichen Kraftwerke bei Rovno und auf der Krim.

Ökologie heißt auch Denkmalschutz

Der Begriff Kulturökologie verweist jedoch nicht nur auf den Zusammenhang von Umweltschutz und nationaler Frage. Hinzu tritt die Sorge um den Erhalt kulturhistorisch wertvoller Denkmäler. Neben der Natur wird auch das von Menschenhand Geschaffene als Umwelt verstanden. Das bekannteste Beispiel dieser für westliche Umweltschützer ungewohnten Arbeit ist die Leningrader Gruppe «Delta». Entstanden ist sie im Kampf gegen ein ökologisch bedenkliches Dammprojekt. Zusammen mit anderen Informellen wie der Gruppe «Spasenie» (Rettung) oder dem «Rat für Kulturökologie» setzte sie sich dann für den Erhalt des architektonischen Erbes der alten petrinischen Stadt am Finnischen Meerbusen ein. Ihr Widerstand richtete sich gegen den Abriß des Hotels *Angleterre*. Durch Petitionen und Demonstrationen wurde die Stadtregierung gezwungen, zumindest den originalgetreuen Wiederaufbau des Gebäudes zuzusichern. Momentan kämpft «Delta» gegen ein U-Bahn-Projekt, das die Fundamente der Isaacs-Kathedrale, eines der Wahrzeichen Leningrads, gefährden würde.

Eine Partei muß her!

Ein immer größer werdender Teil der Öko-Bewegung merkt, daß allein durch lokale Aktivitäten der bürokratische Panzer nicht zu durchbrechen ist. Sie streben die überregionale Vernetzung ihrer Ak-

1 Über die Demonstration berichtet Roman Solchanyk in *Radio-Liberty-Research* vom 8.6.1988.

tivitäten an. Eine erste institutionelle Form in dieser Richtung ergab sich mit der im Dezember erfolgten Gründung des unionsweiten «Sozialökologischen Bundes» (SES). Der SES soll dem Informationsaustausch zwischen den lokalen Umweltgruppen dienen, aber auch landesweite Kampagnen leiten. Eine dieser Aktionen war die Organisierung des Protesttages gegen den Wolga-Tschograj-Kanal am 12. Februar 1989.

Einige Aktivisten, wie Pjotr Koschewnikow, denken aber weiter: Ihnen reicht die reine Initiativ-Arbeit nicht mehr. Sie streben die Gründung einer Partei nach dem Muster der bundesrepublikanischen «Grünen» an. Für sie ist die KPdSU nicht reformierbar, schon gar nicht, solange sie als einzige Partei eine Monopolstellung besitzt. Zudem ist die Last ihrer historischen Schuld erdrückend: «In den Augen des ganzen Volkes ist die KPdSU ohne Ausnahme für alle Fehler und Schwierigkeiten der Vergangenheit und der Gegenwart verantwortlich», formuliert die ökologisch orientierte Kuibyschewer Samizdat-Zeitschrift *Dritter Weg* kategorisch und propagiert die Schaffung einer sowjetischen Grünen Partei.

Initiativgruppen aus allen Teilen der Union planen für den Herbst 1989 die Gründung einer landesweiten Ökopartei. Ihre Aktivisten meinen, daß das Modell der «Grünen» besser auf sowjetische Verhältnisse übertragbar ist als etwa ein national-liberales Parteimodell, wie es z. B. der Demokratischen Union vorschwebt. Für sie ist die Umweltproblematik das – neben der ökonomischen Situation – drängendste Problem.

Die Diskussion über Form und Programm der zu gründenden Partei ist derweil in vollem Gange. Soll es in der Partei verschiedene Fraktionen geben? Soll sie eine Massenpartei oder eine Aktivistenpartei sein? Wie sollen Minderheiten geschützt werden? Wo liegen die Unterschiede zu den Grünen im Westen? Welche Wege schlägt man zur Lösung der Wirtschaftskrise vor? All diese Fragen provozierte die Veröffentlichung von Alexander Postolowskijs *Grünem Heft*, einem «Manifest der Grünen Partei» im September 1988. Noch erscheint die Diskussion unstrukturiert. Doch die Bewegung hin zur Parteigründung gewinnt in der Ökologiebewegung, wie auch bei Menschenrechtsorganisationen und nationalistischen Gruppen, deutlich an Boden.

Eines allerdings wird auch der sowjetischen Öko-Bewegung erst langsam bewußt. Es ist zu einfach, alle Schuld für die Misere den Bürokraten, dem allgemeinen Dilettantismus oder dem System als ganzem zuzuschieben. Auch jeder einzelne trägt sein Stück Verantwortung. Besonders in der langsam beginnenden Diskussion um Nutzen und Schaden der individuellen Motorisierung gewinnt diese Dimension Aufmerksamkeit.

Bewährungsprobe. Nationale Bewegungen nichtrussischer Völker

Wenn Perestroika nicht von den ökonomischen oder sozialen Problemen ausgegangen wäre, hätte sie bei den Beziehungen zwischen unseren Nationen anfangen können – so scharf und so lebenswichtig stellen sich dort Fragen, die die Interessen von Millionen Menschen berühren. Heute ist es sonnenklar, daß diese Interessen nicht auf wirtschaftliche und soziale Probleme reduziert werden können.

Galina Starowoitowa

Als das letzte Kolonialreich, wenn nicht gar als Nachfahrin des zaristischen Vielvölkergefängnisses – so sehen einige westliche Kommentatoren die Struktur der Multinationalität in der Sowjetunion. Schon seit Jahrzehnten sagen sie voraus, daß Rebellionen gegen die großrussische Vorherrschaft sprengend wirken würden nach dem Motto: «Risse im roten Imperium». Lange Jahre schien vielen dies die einzig denkbare Variante für einen Wandel in der UdSSR. Ereignisse auf der Szenerie inter-ethnischer Beziehungen seit Beginn der Perestroika scheinen diese These zu bestätigen. Autonomie- und Souveränitätsansprüche werden von Monat zu Monat nachdrücklicher formuliert. Doch sind es gerade weder verschärfter antidemokratischer Druck noch die Hoffnungslosigkeit der Stagnationsjahre, die nationalen Aspirationen Auftrieb geben. Im Gegenteil: die von oben verordnete «Luft zum Atmen» ist es, die zu einer in der bisherigen Geschichte der UdSSR beispiellosen Entfaltung nationaler Bewegungen geführt hat.

Die Chronologie der großen Konflikte kann beinahe als Stationenweg der Perestroika gelesen werden – Aktionen der einen oder anderen Nationalität, von den Kasachen über die Krimtataren zu den Balten und den kaukasischen Völkern begleiteten alle wesentlichen Weichenstellungen seit 1986. Die stärksten Bewegungen für eine «Perestroika von unten» entstanden in nichtrussischen Republiken, wo die nationalen Probleme den sozialen Kitt abgeben, der schon die dortigen Dissidentenbewegungen in den 70er Jahren vor der gesellschaftlichen Isolation ihrer russischen Mitstreiterinnen und Mitstreiter bewahrte. Die (jeweilige) «nationale Frage» wirkt als Brennglas, in dem sich Probleme und Kräfte verdichten.

Ob die Brisanz der nationalen Frage aber wirklich zum Zusammenbruch der UdSSR führen muß, ist eine durchaus offene Frage, die niemand vorschnell zu beantworten suchen sollte. Zudem hat man sich zu fragen, ob ein solches Ergebnis für die Welt und die betroffenen Völker wünschenswert sein kann. Von größerem Interesse scheint die grundsätzlich andere Option, die Union der sowjetischen Völker zu einem Bund gleichberechtigter Staaten mit starker regionaler Selbstverwaltung umzugestalten und so ein mögliches Vorbild für ein Gesamteuropa der Regionen zu liefern. Noch scheint das als weit entfernte Zukunftsmusik, denn gerade in den ethnischen Beziehungen ist das «neue Denken» der Perestroika-Führung noch recht unterentwickelt.

Wenn es auch zum Kennzeichen nationaler Konflikte unter der Perestroika wurde, bei ihrem Ausbrechen, ähnlich wie bei anderen ernsten Ereignissen (s. Tschernobyl), Glasnost zunächst außer Kraft zu setzen, war es doch gerade am Anfang die «neue Offenheit», die dazu verhalf, nationale Konflikte wenigstens ansatzweise in ihrer tatsächlichen Schärfe wahrzunehmen.

Der veröffentlichte Aufruhr: In Alma Ata zerbricht eine offizielle Lebenslüge

Am 18. Dezember 1986 meldete *TASS* Studentenunruhen aus Alma Ata. Entzündet hatten sich diese an der Wahl eines Russen und Perestroika-Anhängers, Gennadi Kolbin, zum ersten Sekretär der KP Kasachstans, der damit an die Stelle des wegen Korruption entlassenen Kasachen Kunajew trat. Hauptlosung der Kundgebungen: «Kasachstan den Kasachen». Die offizielle Berichterstattung bemühte sich, die Ereignisse als das Werk weniger, fehlgeleiteter und isolierter junger Leute hinzustellen. Aus inoffiziellen Quellen informierte westliche Korrespondenten berichteten dagegen über eine Demonstration von Zehntausenden, von einem Sturm auf das Hauptquartier der kommunistischen Partei, von Gefangenenbefreiungen und schließlich von der gewaltsamen Niederschlagung mit Toten und Verletzten auf beiden Seiten.

Wenn auch äußerlich damit «die Ordnung wiederhergestellt war» und Kolbin im Amt blieb – einer der gepflegtesten Mythen der offiziellen Sowjetunion trug einen Riß davon, der nie wieder gekittet werden wird, der von der «grundsätzlich gelösten Nationalitätenfrage». Gerade Kasachstan, als zweitgrößte Unionsrepublik mit einer Multinationalität von über 100 Völkerschaften, war immer wieder in den schönfärberischen Proklamationen als «Vorposten des Internationalismus» gefeiert worden. Glasnost wischte dieses ideologische Potemkindorf zur Seite und gab den Blick frei auf brodelnde ethnische Konflikte. Es brach jedoch noch kein neues Zeitalter in den nationalen Beziehungen an. Denn konzeptionell hat die politische Führung für diese Problematik kaum etwas zu bieten.

Was dem Ausbruch von Alma Ata zugrunde lag, war eine empfindliche Verletzung kasachischen nationalen Selbstbewußtseins. Von dem Fall Kunajew/Kolbin geht das Signal aus: kasachische, fähige und verläßliche Perestroika-Anhänger konnten für den ersten Parteiposten in der Republik nicht gefunden werden. Insgesamt mehren sich die Anzeichen, daß die zentralasiatischen Teile der Union bei den Gorbatschow-Leuten im Ruf der Unberechenbarkeit, ja Unzuverlässigkeit stehen. Auch in Usbekistan blieben ca. 80 % der früheren ZK-Mitglieder auf der Strecke, besonders seit die gigantische mafia-artige Korruption unter dem ehemaligen Parteichef Raschidow aufflog. Hier reift eine Neuauflage des alten Problems heran: Perestroika, wie vorher der «Kommunismus», der Emanzipationsgedanke und selbst der «Modernismus», der im 19. Jahrhundert Teile der islamischen Intelligenz im russischen Reich erfaßte, kommt aus dem Westen als gleichsam aufgepfropftes Fremdgewächs.

Nationale Stärke drückt sich heute in diesen Gebieten auf zwei Ebenen aus. Zum einen in höchst bürokratischen Apparaten, die paternalistisch und engstirnig die Interessen der eigenen Nationalität, oft identifiziert mit dem eigenen Klan, verwalten. Zum anderen werden die kulturellen Traditionen bewahrt. Unter Perestroikabedingungen geschieht das vielleicht offener als vorher. Die als brutal empfundene Fortschrittlichkeit konnte die Anhänglichkeit an den Islam nicht ausrotten. Im Gegenteil, die islamische Republik Iran, vor allem aber der Afghanistankrieg verhalfen ihr zu verstärkter Loyalität. Die Janusköpfigkeit des Nationalen wird nicht zuletzt deutlich an den Geschlechterbeziehungen. Weil islamische und patriarchale Stammesgebräuche verfestigt werden, kann Frauenemanzipation als fremder Einfluß abgeblockt werden. Die Frauen sprechen noch kaum für sich selbst. Ihre verzweifelten Akte wie die letztes Jahr bekannt gewordenen Selbstverbrennungen in Usbekistan werden zum Gegenstand der Diskussion widerstreitender Interessenvertreter. Während sie in Europa als Widerstand gegen harte patriarchale Verhältnisse gewertet werden, sehen zentralasiatische Autoren die Motive in der Überausbeutung der Frauen auf den ungesunden Baumwollfeldern, in der Monokultur, die die zentrale «Kommandowirtschaft» der usbekischen Sowjetrepublik eingebracht hat.

Für die historische Wahrheit – auch in der Nationalitätenpolitik

1987, im dritten Jahr der Perestroika, intensivierten sich Bewegungen in nichtrussischen Gebieten. Zugleich wurde deutlich, daß es in der UdSSR nicht *eine* «nationale Frage» gibt, sondern eine Vielzahl unterschiedlicher Probleme und Forderungen.

In Übereinstimmung mit dem allgemeinen Trend der Perestroika, der 1987 im Zeichen der Suche nach der historischen Wahrheit stand, präsentierten z. B. Krimtataren und Balten unbeglichene Rechnungen.

Nach eigenem Bekunden angeregt durch den 27. Parteitag der KPdSU trat am 11. und 12. April 1987 die Allunionsversammlung der Delegierten der Initiativgruppen der krimtatarischen Nationalbewegung zusammen, um eine «Petition des krimtatarischen Volkes» abzustimmen.

Die krimtatarische Bewegung ist kein Ergebnis der Perestroika. Sie kann vielmehr auf eine Geschichte von zwei Jahrzehnten zurückblikken. Unglaublich genug, bildete sie die einzige auf basisdemokratischen Strukturen beruhende Massenbewegung der repressiven Breschnew-Jahre. Das Anliegen der Krimtataren ist die ungehinderte Rückkehr in ihre angestammte Heimat, die Krim, von der sie 1944 als angebliche Kollaborateure mit den faschistischen Okkupanten deportiert worden sind. Zwar konnten sie in den vergangenen Jahrzehnten erreichen, daß die kollektive Denunziation des gesamten Volkes als

Verräter aufgehoben wurde. Die Rückkehr in die Heimat blieb ihnen aber verwehrt. Unter Berufung auf die leninsche Nationalitätenpolitik, konkret das Dekret, durch welches am 18. Juni 1921 die autonome Krimrepublik eingerichtet worden ist, verlangen sie die Wiederherstellung ihrer eigenen Staatlichkeit und die Rücksiedlung auf die Krim sowie die Freilassung aller verhafteten oder psychiatrisierten Aktiven.

Um ihren Forderungen Nachdruck zu verleihen, entschlossen sie sich, nicht nur vom Volk ermächtigte Delegierte nach Moskau zu schicken, sondern auf dem – immer noch sakrosankten, einer Bannmeile unterliegenden – Roten Platz zu demonstrieren. Die Behörden zeigten in ihrer Reaktion einen veränderten Stil. Statt, wie früher, nur repressiv vorzugehen, hielten sie sich gegenüber den Demonstranten zurück. Dennoch ließen sich die Krimtataren nicht bewegen, in ihre zentralasiatischen Wohnorte zurückzukehren. Sie versammelten sich erneut auf dem Roten Platz. Eine «ausgewogene» *Tass*-Mitteilung stellte dar, daß ein Teil der Krimtataren im Zweiten Weltkrieg kollaboriert habe, wobei es jedoch ungerecht gewesen sei, das ganze Volk dafür verantwortlich zu machen. Dieser Fehler sei aber mit der politischen Rehabilitierung von 1967 wieder gutgemacht worden, in deren Folge ca. 10000 krimtatarische Bürger und Bürgerinnen auf die Krim haben zurückkehren können, denen weitere nach und nach folgen könnten – allerdings unter Berücksichtigung der «veränderten demographischen Situation» auf der Halbinsel.

Das zog erst recht krimtatarische Proteste gegen den «unverhüllten Angriff auf die Völkerfreundschaft» nach sich. Intellektuelle anderer Nationalität solidarisierten sich. Während des ganzen Sommers hielten die Krimtataren Massenversammlungen in Moskau und ihren Wohnorten ab, die jetzt teilweise gewaltsam aufgelöst wurden. Ein von den Krimtataren gewünschtes Gespräch mit Gorbatschow wurde nicht zugelassen. Einen Höhepunkt erreichten die krimtatarischen Aktivitäten im Oktober mit einem Marsch vom Gebiet Krasnodar nach Simferopol auf der Krim. Der Zugang auf die Krim wurde ihnen allerdings verweigert.

Eine Sonderkommission unter Vorsitz Gromykos wurde eingeschaltet. Sie brauchte bis zum Sommer 1988, um einen Bericht und Empfehlungen zu veröffentlichen. Der Forderung, «eine Krim-Autonomie zu schaffen», wird eine klare Absage erteilt. Die Resultate der Kommission konnten daher die Krimtataren keineswegs zufriedenstellen. Welcher Geist aus der Vergangenheit die Arbeit der Kommission beherrschte, wird deutlich an der «parteilichen» Passage, die da heißt: «Die überwiegende Mehrheit der Personen dieser Nationalität arbeitet in allen Zweigen der Volkswirtschaft ruhig und gewissenhaft. Zugleich aber sind einzelne Gruppen der Krimtataren bestrebt, die Realisierung der positiven Maßnahmen auf diese oder jene Weise zu stören ...».[1]

Für die Krimtataren gibt es von daher keinen ernsthaften Grund, Kompromisse zu schließen. Ihre fest in den örtlichen Volksversammlungen verankerte Bewegung zeigt keinerlei Anzeichen, sich aufzulösen. Daß sie von ihrer maximalen Forderung der vollständigen Repatriierung nicht abgehen, zeigt auch ihre Stellungnahme zu den Wahlen zum Volkskongreß. Sie entschieden sich zum Wahlboykott, weil kein Kandidat aus ihren Wohngebieten die Forderungen der Krimtataren vertrat. Das System der Kandidatenaufstellung ermöglichte keine krimtatarische Kandidatur, da dieses Volk als Minderheit unter anderen lebt und ihnen ein eigener nationaler Status nicht zugebilligt wurde (Resolution der Versammlung der Krimtataren am 19. März 1989 im Klub des Trusts «Usbekmetallurgstroj»).

Historisches Unrecht war auch der Ausgangspunkt bei den baltischen Bewegungen. Im gleichen Jahr 1987 fanden in allen drei Republiken große Demonstrationen zum Jahrestag des «Hitler-Stalin-Paktes» von 1939 statt. (In dessen geheimem Zusatzprotokoll wurde die Besetzung der baltischen Staaten sowie ostpolnischer Gebiete und Bessarabiens vereinbart.) Dieser geheime Zusatz wurde offiziell in der UdSSR bis 1987 geleugnet! Erst der Aufsatz eines estnischen Historikers brach dieses Schweigen und eröffnete eine Debatte in den Medien. Im Verlaufe eines Jahres wurden die apologetischen Behauptungen vom «freiwilligen Anschluß» an die Sowjetunion revidiert. Damit war das Eis gebrochen, an die selbständige Staatlichkeit in der Zwischenkriegszeit anzuknüpfen.

1 Antwort der Staatlichen Kommission auf den Appell der Krimtataren, *Sowjetunion heute* 8/1988.

Eine neue Verfassung?

Das Jahr 1988 war in vieler Hinsicht ein Jahr der politischen Zuspitzungen in der UdSSR. Stichworte, die schon gefallen sind, mögen das nochmals ins Gedächtnis rufen: der Anti-Perestroika-Flügel trat mit dem Nina-Andrejewa-Brief an die Öffentlichkeit. Als Reaktion beschleunigten die Reformer den Kurs hin zur politischen Demokratisierung, sie setzten ein Zeichen mit der (vorgezogenen) 19. Parteikonferenz im Juni. Von einzelnen Nationalitäten wurden im gleichen Jahr die ersten Forderungen laut, entweder den territorialen Status quo (z. B. Nagorny-Karabach) oder die Verfassung der Föderation zu ändern (Baltikum).

Im Februar 1988 begann die Krise um Nagorny-Karabach, die – zusammen mit den Ereignissen in Tbilissi – zu den bisher schwersten inter-ethnischen Zusammenstößen führten.

Die armenische Bevölkerung dieses autonomen Gebietes in der aserbaidschanischen Sowjetrepublik fordert den Anschluß an die armenische Sowjetrepublik. Sie organisierte eine Petition, die von der Hälfte der armenischen Einwohnerschaft des autonomen Gebietes, von 75000 Menschen, unterzeichnet wurde. Der Sowjet von Karabach tat das, was seit dem Ende der Räteherrschaft kurz nach der Revolution nicht mehr üblich war: er nahm die Wünsche des Volkes auf und stimmte für die Vereinigung Nagorny-Karabachs mit Armenien. Damit meldete zum erstenmal ein Staatsorgan der UdSSR Bedenken gegen die Verfassung, in diesem Fall gegen die Grenzziehung zwischen einzelnen Republiken, an. Die Auseinandersetzung betraf dabei zwei nichtrussische Unionsrepubliken. Dabei wird deutlich, daß man der sowjetischen Nationalitätenproblematik nicht gerecht wird, wenn sie allein im Schema «unterdrückende Großrussen» und «unterdrückte Minderheiten» betrachtet wird. So zeigt sich: Steht einerseits eine breite Bewegung in Georgien für die Souveränität, wenn nicht gar völlige Unabhängigkeit der Republik, so soll gleiches Recht nicht für die autonome Republik Abchasien gelten.

Weil die Petition an die Staats- und Parteispitze, u. a. an Gorbatschow persönlich, schon auf der unteren Verwaltungsebene gestoppt wurde, zogen Zehntausende von Männern und Frauen auf den zentralen Platz von Stepanakert, der Hauptstadt von Nagorny-Karabach. Ihre Losungen: «Selbstbestimmung ist kein Extremismus» und «Karabach – ein Test für die Perestroika». Die Demonstration war friedlich. Dagegen folgte die Gegenreaktion der aserbaidschanischen Mehrheit schnell und pogromartig: Nach Angaben der Gesellschaft für bedrohte Völker suchten 50000 Armenier und Armenierinnen aus Dörfern nahe Nagorny-Karabach Zuflucht vor aserbaidschanischen Überfällen in Stepanakert und Jerewan, der Hauptstadt der armenischen Sowjetrepublik.

Die alte armenische Furcht vor einem Genozid durch die Türken oder die mit ihnen ethnisch verwandten Aseris, ständig mobilisierbar nach den türkischen Pogromen von 1915 und dem Untergang der Kommune von Baku 1918, sah sich einmal mehr bestätigt durch die schweren Racheakte, die von Aserbaidschanern an den armenischen Einwohnern in Sumgait verübt wurden. Ihre furchtbare Bilanz: nach offiziellen Angaben 36 Tote – nach inoffiziellen ein Vielfaches dessen – ungezählte Verletzungen, Vergewaltigungen, Zerstörungen.

Wie gegenüber den Krimtataren bewegt sich aber die Regierung in der zentralen Frage der Betroffenen nicht. Fehler und Diskriminierungen der armenischen Bevölkerung unter aserbaidschanischer Verwaltung werden eingeräumt – aber das Lösungspaket bietet bislang wenig: Der Karabacher Parteisekretär wurde durch einen Armenier ersetzt. Die Behörden bemühen sich, das autonome Gebiet kulturell an Armenien anzuschließen. Die Bildungsinstitutionen wurden dem armenischen Ministerium unterstellt. Armenisches Fernsehen wird inzwischen ausgestrahlt, und die Restaurierung eines der altehrwürdigen nationalen Denkmäler, des Klosters Schuscha, ist in Aussicht gestellt. In der Kernfrage blieb die Regierung allerdings unnachgiebig, und sie unterstrich ihre Haltung durch Rückkehr zu repressiven Maßnahmen gegen die aktivsten Teile der armenischen Bewegung. Wie zu Breschnews Zeiten wurde der armenische Dissident Paruar Airikjan ausgebürgert; führende Mitglieder des Karabach-Komitees fanden sich im Gefängnis wieder.

Offiziell bemüht sich Moskau, die nationale Frage auf einen sozialen Kern zu reduzieren und sie so in eine für das Grundverständnis des offiziellen sowjetischen Marxismus handhabbare Interpretation zu zwängen. Für den irrationalen Rest nationaler Empfindlichkeiten ist da wenig Platz. Gleichsam väterlich wacht die zentrale Regierung, daß die «Unreife» der nationalen Bewegungen nicht aus dem Ruder läuft. Mit diesem idealisierten Bild unterstellt man ihr, wenn nicht gar den Russen selbst, einen souveränen Umgang mit der eigenen Nationalität. Damit werden aggressiv-völkische Strömungen in Rußland bedenklich verharmlost. Zugleich verstellt sich die Führung mit ihrer scheinbaren Aufgeklärtheit den Weg zur tatsächlichen Neuformulierung der nationalen Beziehungen. Sie ist so mehr getriebene als treibende Kraft.

Die Konzessionen in Karabach erwiesen sich als zu geringfügig, um die Bewegung zufriedenzustellen. Die Aktivitäten gingen weiter. Um ihrer Herr zu werden, nahm die Zentralregierung im Januar 1989 Zuflucht zu einem «besonderen Verwaltungsstatus»: alle gewählten Organe wurden vorläufig außer Kraft gesetzt und die Regierungsgeschäfte einer von oben eingesetzten Sonderkommission übertragen. Eine Maßnahme, die an einen Ausnahmezustand heranreicht.

Ein wenig im Windschatten der dramatischen Ereignisse in und um Karabach, entwickelten sich derweil in den baltischen Republiken «Volksbewegungen für die Perestroika», die sich im Herbst 1988 als «Volksfronten» konstituieren sollten. Aus der sicheren Position, sozial tief verwurzelt in der Bevölkerung zu sein, und mit breiter Unterstützung in den kommunistischen Parteien selbst versehen, demonstrieren sie ihren Anspruch, Perestroika für die eigenen Bedingungen und Interessen zu interpretieren. Daraus ergibt sich ein eigentümliches Muster von Kooperation und Konflikt in den Beziehungen zur Zentralmacht.

Die estnische Volksfront als Vorreiter für eine Verfassungsreform

Der Startschuß für die Volksfront in Estland wurde am 13. April 1988 abgegeben. Die Pro-Perestroika-Kräfte entschlossen sich dazu aus zwei Hauptgründen. Zum einen brauchten sie ein wirksames Instrument, um den damals noch völlig von den alten Kräften beherrschten estnischen Parteiapparat unter Druck zu setzen. Zum anderen sollten diejenigen, die in der Bevölkerung, in der Intelligenz und selbst in der Partei zu einer anderen Gesellschaft aufbrechen wollten, vereinigt werden, um «informelle», d. h. nicht staatsgebundene Aktivitäten zu verstärken. Die erste Welle von Massenaktionen richtete sich auf den Widerstand gegen den von Moskauer Ministerien geplanten Abbau reicher Phosphoritvorkommen, der die Landschaft und Ökologie Estlands irreversibel ruiniert hätte. Von der ersten Stunde an verbanden sich so ökologische, nationale und demokratische Forderungen zu einem unauflöslichen Ganzen.

Als nächstes entwarf eine Gruppe um den estnischen Wissenschaftler Edgar Savisaar ein Rahmenprogramm. Sie nahm in diesem den Kern der ökonomischen Perestroikakonzepte auf und gab ihm einen nationalpolitischen Inhalt, als sie für das Prinzip der «Selbstfinanzierung der Republik» eintraten, d. h. für eine autonome Wirtschaftszone Estland. Weil das estnische Kürzel für «wirtschaftsautonomes Estland», IME, gleichzeitig auch «Wunder» heißt, wurde es bald zur eingängigen Parole für die nationalen Wünsche der Esten.

Die Volksfrontbewegung verbreitete sich in den folgenden Monaten wie ein Lauffeuer. Den ersten Höhepunkt und wichtige politische Erfolge erlangte die neue Bewegung schon im Juni, im Vorfeld der 19. Parteikonferenz. Zu dieser Zeit kam es zu breiten Protestmanifestationen – zuletzt trafen 150000 Menschen auf dem Sängerfeld bei Tallinn zusammen – gegen die Wahl der Parteikonferenz-Delegierten, die noch nach dem alten undemokratischen Parteistatut stattgefunden hatte. Doch ging es nicht um Protest allein. Die Versammelten gaben vielmehr den Delegierten ihre Forderungen mit auf den Weg und verdeutlichten damit, daß sie sich als diejenigen betrachteten, denen die Delegierten rechenschaftspflichtig sein sollten. Diese Forderungen entsprachen der IME-Plattform: Finanzautonomie der Republik, die in den Unionsetat einen Beitrag zahlen würde, Wirtschaftsbeziehungen zur UdSSR wie zu anderen Staaten: Vielfalt der Eigentumsformen und Einführung von Marktmechanismen. Damit fordern die Esten nicht mehr und nicht weniger als einen neuen Grundlagenvertrag für die Union der sowjetischen sozialistischen Republiken und machen mit der an sich dem Buchstaben nach garantierten Selbstbestimmung ernst.

Die estnische Volksfront, der kurze Zeit später ähnliche Formationen in Litauen und Lettland folgten, erweist sich damit als diejenige republikanische Bewegung, die die geschlossenste Konzeption von Autonomie unter Perestroikabedingungen erarbeitet hat. Sie geriet damit nolens volens in eine Vorreiterrolle in der Diskussion um eine neue sowjetische Verfassung. Die Frage ist, ob mit einem neuen Vertrag über die Föderation UdSSR eine neue Grundlage für eine Vereinigung von Gleichberechtigten geschaffen werden kann.

Am 16. November 1988 trat der Oberste Sowjet der estnischen SSR zusammen, um eigene Vorschläge für die neue Unionsverfassung zu beraten. An den zentral vorgelegten Entwürfen wurde nachgewiesen, daß bei dem zukünftigen Kongreß der Volksdeputierten die russische Nationalität noch weiter überrepräsentiert sein würde als bisher. Ein noch höheres Maß an Zentralisierung wurde ausgemacht und – weiterer Rückschritt gegenüber der alten Verfassung – die Streichung des Austrittsrechts der Republiken. Massenproteste veranlaßten eine Reihe von Änderungen an den ursprünglichen Entwürfen – und stärkten die Bewegungen.

Der estnische Oberste Sowjet ging aber noch einen Schritt weiter. In einer «Souveränitätserklärung» wurde niedergelegt, daß der zukünftige Status der Republik in der UdSSR neu verhandelt werden soll. Der estnische Oberste Sowjet reklamierte ein Vetorecht gegenüber den Gesetzen der Union und erklärte den Boden und die Natur Estlands zum «Eigentum der Republik».

In jenem Herbst folgte noch keine andere Republik dem estnischen Beispiel. Die Reaktion des Obersten Sowjets der UdSSR, die estnische Souveränitätserklärung für ungültig zu erklären, wurde hingenommen, wobei sich die estnische Führung davon keineswegs einschüchtern ließ. Das zeigen die engagierten Reden des Staatspräsidenten Arnold Ruetel in der Sitzung des Obersten Sowjet.

Volksfront oder nationale Front?

Die estnische Volksfront versteht sich nicht als nationale Front, sondern als Volksbewegung. Sie, wie auch die grüne Bewegung Estlands, die selbst in der Volksfront mitarbeitet, fordert einen Immigrationsstopp für die eigene Republik. Das erscheint auf den ersten Blick befremdlich für diejenigen, die in der Bundesrepublik für offene Grenzen und eine multikulturelle Gesellschaft eintreten. Die berechtigte Abneigung gegen die früher mit großer Energie vorangetriebene Russifizierung Estlands läßt Forderungen wie einen Zuzugsstopp und Maßnahmen wie die Einführung des Estnischen als einziger Staatssprache verständlich erscheinen. Die russischen Bürger und Bürgerinnen der Republik aber durch Einschränkung ihres Wahlrechts empfindlich zu diskriminieren, kann nur als Überreaktion bzw. als zu starkes Zugeständnis an die radikalen Nationalisten verstanden werden. Nach der heftigen Reaktion der russischen Minderheit obsiegte glücklicherweise wiederum die Bereitschaft, einen Kompromiß zu suchen. Der schmale Grad zwischen dem Streben nach nationaler Identität und chauvinistischer Ausschließlichkeit, für die in der heutigen Welt, in der allenthalben Mischbevölkerungen leben, kein Platz mehr sein dürfte, wird aber gerade durch das estnische Beispiel beleuchtet.

Aus dem Programm der Volksfront Estlands (NFE):

IV. Die nationale Frage

1. Die Volksfront hält den momentanen Zustand der nationalen Beziehungen in der Sowjetunion für unnormal und sieht den Grund dafür in der stalinschen Nationalitätenpolitik. Daher ist es der Volksfront wichtig, daß die politische Geschichte der UdSSR so bald wie möglich eine objektive Sichtweise erhält. Die begangenen Verbrechen sollen öffentlich gemacht und der moralische und politische Schaden ersetzt werden, den die stalinsche Nationalitätenpolitik verursachte. Wahrheit und Verantwortungsbewußtsein sind das unverzichtbare Fundament der Perestroika. Die NFE verurteilt die propagandistischen Formen, die die Nationalitätenpolitik der stalinschen – und schließlich auch leninschen – Epoche kennzeichneten.

2. Die Volksfront verurteilt die hochgehaltene Assimilierungspolitik, die zu sinnloser Migration und mechanischer Vermischung von Menschen unterschiedlicher Nationalität führte, u.a. zur Aufdrängung gemischtnationaler Kollektive, gemischter Kindergärten, Schulen usw. Eine derartige Politik entstellt die patriotischen Gefühle der Menschen und führt zur Formierung einer ihrer menschlichen Wurzeln beraubten Masse.

3. Die Volksfront hält es für unverzichtbar, allen Völkern das Recht auf Selbstbestimmung und reale Souveränität auf ihren historischen Territorien zuzugestehen. Die garantierten Rechte der Titularnationen umfassen die verfassungsmäßige Verankerung ihrer Staatssprache, die Legitimierung ihrer Republikstaatsbürgerschaft und die Verteidigung ihrer nationalen Symbole.

4. Zum Zwecke der Normalisierung der nationalen Beziehungen hält es die Volksfront für unabdingbar, die Gründe für das Aufkommen zwischennationaler Spannungen zu analysieren. Die Geschichte

muß objektiv behandelt werden. Dies betrifft in erster Linie die Beweggründe für die Ereignisse in Estland 1940. Die politischen, ökonomischen und kulturellen Folgen dieser Ereignisse müssen ehrlich und klar bedacht werden. Es bleibt unerläßlich, öffentlich zu erklären, daß die Einverleibung Estlands in die UdSSR ohne Beachtung der Mehrheitsmeinung des estnischen Volkes erfolgte.

5. Die Volksfront kämpft gegen jede nationale Unehrlichkeit und Demütigung. Die Ethik einer multinationalen Gesellschaft fordert das Verständnis und die Achtung der nationalen Gefühle jedes Menschen, die Achtung vor seiner Heimatsprache und seiner nationalen Kultur. Zur Überwindung der Schwierigkeiten durch Unterschiede in den Kulturen soll sich um gegenseitigen Kontakt bemüht werden. Gleichzeitig aber müssen die in jeder Sowjetrepublik lebenden Menschen anderer Nationalität das Recht der Titularnation auf Selbstbestimmung achten und verstehen, d. h. das Recht auf Wahrung und Entwicklung der auf ihrem angestammten Land historisch entstandenen Kultur und Lebensart.

Für die Titularnationen der Unionsrepubliken ist die nationale Frage eine Frage ihres historischen Schicksals, für die auf dem Gebiet der Unionsrepublik lebenden Menschen anderer Nationalität aber eine Frage des persönlichen Schicksals. Die Estnische SSR ist eine Unionsrepublik. Wenn sie auch in erster Linie zur Verteidigung der Interessen des estnischen Volkes auftritt, so ist sie doch in der Lage, die Interessen der anderen hier lebenden nationalen Gruppen zu verteidigen.

Die Macht gegen das Volk: die Ereignisse von Tbilissi

Den vielleicht längsten Schatten auf die Perestroika werfen die «Ereignisse in Tbilissi» in der Nacht vom 8./9. April 1989.

Seit dem 4. April versammelten sich Menschen auf dem zentralen Rustaveli-Platz der georgischen Hauptstadt. Gleichzeitig befanden sich Mitglieder verschiedener inoffizieller Gruppen im Hungerstreik. Sie protestierten gegen die Entscheidung der abchasischen autonomen Sowjetrepublik, sich von Georgien abtrennen zu wollen. Doch im Laufe der Zeit gingen die Versammelten dazu über, den Rücktritt der georgischen Führung um Dshumber Patiaschwili zu verlangen und schließlich die Souveränität Georgiens. Vereinzelt warben Mitglieder radikaler Gruppen, wie die nationale Unabhängigkeitspartei, für den Austritt aus der UdSSR. Weder Patiaschwili noch ein anderer offizieller Vertreter stellte sich dieser Diskussion. Statt dessen wurde der Ausnahmezustand verhängt und Truppen und Panzer fielen über die Demonstranten und vor allem Demonstrantinnen – Frauen standen an der Spitze der Demonstration – her. Sie setzten Giftgas, Knüppel und Kampfspaten ein. Menschen starben an dem Gift, dessen chemische Zusammensetzung den Ärzten nicht bekannt gemacht wurde.

Der Bericht in der *Moskowskie Nowosti* vom 16.4. gibt folgenden Kommentar wieder: «...Es ist primär die Sache der Georgier selbst, herauszufinden, wer die moralische Verantwortung für die Ereignisse auf der georgischen Seite trägt. Wir unsererseits müssen sagen, was wir fühlen. Die Mehrheit der jungen Männer in Uniform, die versteckt hinter ihren Schilden kurz vor der Morgendämmerung am 9. April den Platz vor dem Regierungssitz stürmten, waren Russen wie wir selbst.» Das ist weit entfernt von den in solchen Fällen früher üblichen Lobgesängen auf die tapfere Armee.

Noch ist die Wahrheit, wer den Befehl für den Truppeneinsatz in Tbilissi gab, nicht bekannt. Die georgische Führung mußte zurücktreten, und die zentrale Regierung ebenso wie ein Teil der Presse wählten den scheinbar leichtesten Ausweg, nämlich alle Schuld den Abgetretenen in die Schuhe zu schieben. Aber was war die Rolle der Armee? Hat womöglich ein Teil hier ein erstes Signal gegen die Perestroika gegeben? Wenn nicht, stellt sich die Frage, ob ein solcher Einsatz wirklich ohne Wissen und Billigung der obersten Staatsspitze angeordnet werden kann.

Mißtrauen gegen die ursprünglich von der georgischen Regierung eingesetzte Untersuchungskommission veranlaßte u. a. die Prominenten-Bürgerinitiative «Moskowskaja Tribuna», selbst tätig zu werden. Sie lud eine georgische Delegation zu einer gemeinsamen Versammlung ein. Nach dem Bericht der georgischen Vertreter und der Vorführung des inoffiziellen Videofilms von den Ereignissen in Tiblissi beschloß Moskowskaja Tribuna, eigene Recherchen vor Ort aufzunehmen. Nicht lange danach wurde die ursprünglich von der georgischen Regierung eingesetzte Untersuchungskommission durch eine neue ersetzt, zu der auch die Volksdeputierten der UdSSR Andrej Sacharow, Dmitri Lichatschow und Roald Sagdejew gehören.

Heiße Debatten auf dem Volksdeputiertenkongreß

Das, was im kleinen auf dem Treffen von Moskowskaja Tribuna begann, setzte sich im großen Stil und vor Augen und Ohren der gesamten Öffentlichkeit fort – auf dem Kongreß der Volksdeputierten.

Am Wahlmodus zum Obersten Sowjet entzündete sich die erste Debatte, in der viele Vertreter, insbesondere der kleineren Völker, darauf pochten, angemessen repräsentiert zu sein und die Übermacht der Russen einzuschränken. Doch weit entscheidender: In der tagelangen Aussprache über Gorbatschows Bericht, in der immer wieder die zukünftige Ordnung der nationalen Beziehungen angesprochen wurde, kristallisierte sich eine breite Phalanx von Deputierten aus nichtrussischen Gebieten, um die, ursprünglich nur estnische, Konzeption, die Union der sozialistischen Sowjetrepubliken zu einer Konföderation souveräner Republiken umzugestalten.

Der estnische Deputierte Toome faßte in seiner Rede, quasi programmatisch für alle, noch einmal die Grundzüge der estnischen Auffassung von Souveränität und republikanischer Selbstfinanzierung zusammen. Und er fügte hinzu: «Wir erwarten nicht, daß wir dann ein leichtes Leben haben werden. Aber ob reich oder arm – es wird jedenfalls unser eigenes Leben sein.» Sein litauischer Kollege Brasauskas forderte entsprechende Änderungen an der Verfassung der UdSSR, um die Souveränität der Republiken rechtlich zu sichern.

Doch um die Souveränitätsforderung schließen sich nicht nur die «Nichtrussen» zusammen. Auch die russischen Anhänger und Anhängerinnen einer radikalen Perestroika stellen sich eindeutig auf diese Seite. Um nur zwei Beispiele von vielen zu nennen: Galina Starowoitowa, Historikerin und Ethnographin, dachte über eine Umwandlung der UdSSR in einen Staatenbund nach. Boris Jelzin, die Galionsfigur der Radikalen, erklärte in seiner Rede zur Beschleunigung und Vertiefung der Perestroika die Dezentralisierung der Macht und in dem Zusammenhang Selbstfinanzierung und Souveränität der einzelnen Republiken zu den wesentlichen Schritten, die schnell gegangen werden müßten.

Um die «nationale Frage» entstand somit auf dem Kongreß der Volksdeputierten ein Kulminationspunkt für die radikaleren Kräfte. Vieles von dem, was über den Tag hinaus an Wirkung vom Volksdeputiertenkongreß bleiben wird, hängt zusammen mit der Nationalitätenpolitik. Der Kongreß setzte eine eigene Kommission ein, die Vorschläge für den zukünftigen Obersten Sowjet erarbeiten soll zu den hauptsächlichen Brennpunkten, als da sind: Nagorny-Karabach, Georgien und die Überprüfung des Hitler-Stalin-Paktes von 1939.

Ein Stein, der einmal ins Wasser geworfen immer weitere Kreise zieht...

Daß in vielen kleineren und größeren «Karabachs» in der Sowjetunion die Krise herantickt oder schon ausgebrochen ist, ist ein offenes Geheimnis. Der in Anlehnung an Lenins Unterscheidung von Großmachtchauvinismus und Nationalismus der unterdrückten Völker sogenannte «Nationalismus aus der Defensive» (*Prawda* vom 5.5.89), z. B. der nichtrussischen Titularnationen, wendet sich oft genug gegen die eigenen Minderheiten und ist in seiner Wirkung ebenso chauvinistisch wie der zentral von Moskau ausgehende. Pogromartige Überfälle z. B. von Usbeken auf die Meßcheten, eine ähnlich wie die Krimtataren im Zweiten Weltkrieg deportierte Völkerschaft, oder auf Juden in Moldawien setzen diese furchtbare Spirale fort.

Auf weniger brutale, dennoch ähnlich wirksame Weise fühlen sich die Aktiven nationaler Bewegungen von Minderheiten in den westlichen Republiken, vor allem in Belorußland und den baltischen Republiken, durch die Presse bedroht. So berichtet die Presse in Litauen ausschließlich in negativen und aggressiven Tönen über die Gruppe «Venibe – Edinstvo – Ednost», die «sozialistische Bewegung für die Perestroika» für die nichtlitauischen Minderheiten der Polen, Juden, Russen und Weißrussen.

Bei der nationalen Frage geht es längst nicht mehr allein um das Verhältnis der Republiken zum Zentrum. Vielmehr entstand unter nationalen Aspekten ein sich stets weiter verästelndes Gewebe unterschiedlichster rechtlicher, sozialer und kultureller Aspirationen. So organisierten im März 1989 die litauischen Juden ihren ersten Kongreß, um die «nationale Wiedergeburt» einzuläuten. In der Hauptsache fordern sie, die jiddische Sprache als fakultatives Fach an den Schulen einzuführen. Außerdem wollen sie eine eigene jiddische Zeitung gründen. Ungefähr zur gleichen Zeit trafen sich die kulturell-gesellschaftlichen Vereinigungen der Polen Litauens. Unter Beteiligung polnischer Gruppen aus allen baltischen Republiken, Belorußland, Kasachstan, Leningrad und Moskau wie auch Vertretern des polnischen Konsulats in Minsk und der Botschaft in Moskau votierte der Kongreß für den Ausbau polnischer Schulen, für mehr polnische Zeitungen und Zeitschriften sowie die Gründung eines polnischen Theaters.

Die theoretische Beschäftigung mit der nationalen Frage in der UdSSR hat ebenfalls neue Wege beschritten. Die Explosion ethnischen Bewußtseins beweist praktisch, daß ein Schema wie das stalinistische, das sich bemühte, objektive Kriterien für eine Nation festzulegen, jedes wissenschaftlichen oder politischen Wertes entbehrt. Mehr und mehr setzt sich deswegen in der sowjetischen Ethnographie die Auffassung durch, daß Nation ein subjektiver Begriff ist: Wenn eine Gruppe sich dazu entschließt, im Namen ihrer ethnischen Charakteristika politisch aktiv zu werden, kann keinerlei Definition diese «Nationbildung» verhindern.

Pamjat und der russische Nationalismus

«Pamjat» und andere Extremisten schieben all unser Unglück anderen Nationalitäten und Glaubensbekenntnissen in die Schuhe. Das ist eine bekannte Logik: Jeder hat Schuld außer man selbst.

Dmitri Lichatschow[1]

Kaum eine andere politische Strömung verfügt innerhalb der russischen Bevölkerung über so viel Anhang wie die Nationalisten. Ihr Anwachsen beunruhigt sowjetische Reformpolitiker ebenso wie westliche Beobachter. Schrille antisemitische und antiwestliche Stimmen beherrschen dabei die Szenerie. Allem Anschein nach erlebt die Sowjetunion, oder jedenfalls ihr russischer Teil, ein Wiederaufleben alter, längst totgeglaubter Ressentiments.

Über Stumme und Ungläubige

Nationalistische Sichtweisen haben in Rußland Tradition. Die Einteilung der Welt in «Russen» und «Fremde» ist für die meisten Menschen selbstverständlich. Der traditionelle Ausdruck des Russischen für «Fremde» ist «Nemzy», die Stummen, die, mit denen man nicht reden kann. (Noch heute wird das Wort für Deutsche gebraucht.) Alle Modernisierer seit Peter dem Großen hatten mit dieser tiefsitzenden Abneigung gegen das «Nicht-Russische» zu kämpfen. Die Wurzeln für dieses Denken sind vielfältig. So lehnte die orthodoxe Kirche lange jeden Kontakt zum «ungläubigen» Westen ab. Im Ersten Weltkrieg erlebte das Land wie ganz Europa eine Welle patriotischer Begeisterung. Die Oktoberrevolution konnte diese Tradition nur vorübergehend unterbrechen. Stalins Kampagnen gegen «Kosmopoliten» und «ausländische Spione» weckten das alte Mißtrauen gegen alles Ausländische wieder zum Leben. Nach dem Scheitern von Chruschtschows

1 Zitiert nach *Ogonek* Nr. 34/1988, S. 17.

Tauwetter lebte die nationalistische Strömung mehr oder weniger untergründig fort. Ihr im Westen bekanntester Vertreter aus dieser Zeit dürfte Alexander Solschenizyn sein.

Die Entdeckung der bedrohten Nation

Mit Gorbatschows Machtantritt begann eine neue Phase. Neben der politischen Liberalisierung gelten einige reale Defizite der Sowjetgesellschaft als Auslöser der nationalistischen Welle. So gerieten viele Naturschützer in ihr Fahrwasser. Besonders bei der Diskussion um das Projekt zur Umleitung sibirischer Flüsse ist oft mit dem Wort der «russischen Erde» argumentiert worden. Die Verbrechen gegen die Umwelt wurden verknüpft mit dem Untergang traditioneller dörflicher Lebensweisen, die – entsprechend idealisiert – als Kern der guten russischen Mentalität dargestellt wurden.

Auch der Denkmalschutz bot Anknüpfungspunkte. Die bei allen Russen populäre Forderung nach Bewahrung der eigenen Kulturgüter mündete oft in einer Rückbesinnung auf die vermeintlich glorreiche russische Geschichte. Nicht zufällig entstand die bekannteste nationalistische Organisation «Pamjat» (Erinnerung) aus einer Gesellschaft zum Erhalt alter Gebäude.

All dies kann aber nur deshalb soviel Kraft entwickeln, weil die sowjetische Gesellschaft in einer tiefen Orientierungskrise steckt. Die Phrasen des offiziellen Marxismus-Leninismus hatten schon lange vorher jeden Sinngehalt eingebüßt; jetzt werden sie auch zunehmend öffentlich in Frage gestellt. Die Sowjetisierung raubt nicht nur den kleineren Völkern ihre nationale Identität. Auch die russischen Eigenarten werden in den Augen vieler Menschen zugunsten einer sowjetischen «Gleichmacherei» immer weiter zurückgedrängt. Auf diesem Boden einer Gesellschaft ohne gemeinsame Perspektiven fühlt sich eine zunehmende Zahl von Menschen hilflos. Hier gedeihen nationalistische Phrasen von einer Rückbesinnung auf «alte russische Werte» wie Ehrlichkeit, Moral und Bescheidenheit, ebenso wie die Warnung vor der Bedrohung der Heimat durch die Zerrüttung der Familie oder der angeblich vom Westen eingeschleusten Trunksucht bestens. Hinzu kommt das Bedürfnis vieler Russen, Erklärungen für den jetzt sichtbar werdenden, nicht mehr zu verdrängenden desolaten

Zustand der eigenen Gesellschaft zu finden. Dabei verwundert es wenig, wenn sie den so verlockend klingenden Parolen von einer «jüdisch-freimaurerischen» oder «westlichen» Verschwörung gegen das moralisch gute, aber wehrlose Rußland Glauben schenken. Besonders der Antisemitismus verfügt heute über eine breite Massenbasis. Stereotypen wie die angebliche Schuld der Juden an der Oktoberrevolution, an Bürokratie und Korruption finden sich vor allem bei den einfachen Leuten massenhaft. Aber auch Teile der Intelligenzija sind nicht frei von solchem Denken.

Ein erstes Sammelbecken: Pamjat

Bei alldem gilt es im Auge zu behalten, daß die russischen Nationalisten keineswegs einen monolithischen Block bilden. Sowohl ideologisch wie auch organisatorisch befinden sie sich noch in der Phase der Ausdifferenzierung. Dies wird deutlich, wenn man die bekannteste Gruppierung, die Anfang der 80er Jahre als Klub zur Pflege und Erhaltung von Kulturdenkmälern gegründete Gesellschaft «Pamjat» betrachtet. Die Gruppe um den Moskauer Fotografen Dmitrii Wasilew gilt als größte nationalistische Vereinigung Rußlands. Sie unterhält Filialen in beinahe allen größeren russischen Städten. Ihre Zentren sind neben Moskau Nowosibirsk, Leningrad und Swerdlowsk im Ural, wo sie unter dem Namen «Otetschestwo» (Vaterland) residiert. Ihre Mitgliederzahlen gehen in die Tausende, wenn nicht Zehntausende. Ihre stark antisemitischen und chauvinistischen Veranstaltungen finden in öffentlichen Sälen statt. Es gelang der Organisation, die Moskauer Sektion des «Allunionsverbandes für den Schutz historischer und kultureller Denkmäler» zu unterwandern. Wasilew geht derweil ungestraft mit einer Lesung aus den antisemitischen «Protokollen der Weisen von Zion» auf Tournee durch die Sowjetunion. Radioreporter in Swerdlowsk, aber auch bekannte Kulturschaffende wie die Schriftsteller Walentin Rasputin oder Wasili Below bekennen inzwischen öffentlich ihre Sympathien für Pamjat.

Aber Pamjat ist nicht alles

An der stärksten Gruppe werden aber auch die Schwachstellen des russischen Nationalismus deutlich. Der größte Sprengstoff liegt sicherlich in diffusen und widersprüchlichen Vorstellungen und Ideologien. Unter dem Symbol der Organisation, der Glocke, finden sich gläubige Christen ebenso wie militante Heiden, die den orthodoxen Glauben für einen Teil der jüdisch-freimaurerischen Weltverschwörung halten, zusammen. Man stößt auf unpolitische Denkmalschützer und National-Bolschewiken, die die nationalistischen Elemente der bisherigen Staatsdoktrin für durchaus erhaltenswert halten. Ständige Spannungen innerhalb der Gesellschaft bleiben nicht aus. Eine heidnische und militant antisemitische Gruppe unter Waleri Jemeljanow hat sich unter dem Namen «Rus», der alten Bezeichnung für Rußland, inzwischen selbständig gemacht.

Auf der anderen Seiten führt der extreme Antisemitismus Pamjats dazu, daß sich vor allem Nationalisten mit öffentlichen Funktionen von der Gruppe distanzieren. Zudem gelang es Gorbatschow, einen Teil des Spektrums auf seine Seite zu ziehen. Dies gilt für den mehr kulturell interessierten Teil der National-Liberalen um Dmitrii Lichachev, der sich gerne als «Patrioten» bezeichnet und den Unterschied so definiert: «Für mich ist Patriotismus die Liebe zum eigenen Land, während Nationalismus der Haß auf andere Völker ist.» Lichachev wurde unter Gorbatschow Vorsitzender des «Sowjetischen Kulturfonds», sein Mitstreiter Sergej Salygin Herausgeber der einflußreichen Literaturzeitschrift *Novij Mir* (Neue Welt).

Die Beziehungen zu anderen informellen Organisationen zeichnen sich durch Feindseligkeit aus. Moskauer Gruppen, die sich entweder ganz oder teilweise dem Erhalt historischer Bauten verschrieben haben – wie die Gruppen «Ekopolis», «Moskva» oder «Klub sozialer Initiativen» – lehnen jede Zusammenarbeit mit Pamjat ab. Sie alle distanzieren sich deutlich vom nationalen Chauvinismus der Vasilev-Anhänger.

Die Zukunft von Pamjat wie der gesamten russischen Rechten bleibt vorerst ungewiß. Viel, wenn nicht alles, hängt vom Erfolg der Reformbemühungen Gorbatschows ab. Gelingt ihm die ökonomische und geistige Erneuerung der Sowjetunion, so wird der fremdenfeindliche Nationalismus kaum eine Chance erhalten. Scheitert er, dann ist die Tür zur rückwärtsgewandten, antimodernistischen Diktatur weit aufgestoßen, wie der Reformökonom Vasili Seljunin im *Novij Mir* schrieb.[1] Keine andere Ideologie verfügt dann in den Augen der Russen noch über eine solche Glaubwürdigkeit wie eben diese Ideen von der ewigen Mutter Rußland und ihren satanischen Feinden.

Der Standartenführer aus Malaja Ochta

Indes darf der russische Nationalismus von Pamjat oder Otetschestwo nicht mit parallel existierenden, offen faschistischen Tendenzen verwechselt werden, auch wenn Ähnlichkeiten – besonders was den Antisemitismus betrifft – durchaus bestehen. Die Zentren der Rechtsextremen scheinen Moskau und Leningrad zu sein; sie sind aber auch in nicht-russischen Gebieten wie Litauen oder der Ukraine zu finden. Berühmt-berüchtigt ist die Moskauer «Ljubery»-Gruppe – benannt nach einem Vorort namens Ljubertsy –, die durch ihre brutalen Überfälle auf Rockfans und westlich gekleidete Passanten auffiel. Sie ähnelt den englischen Skinheads. Ihre Anhängerschaft rekrutiert sich vorwiegend aus der Arbeiterjugend, während Pamjat eher aus Angehörigen der Mittelschichten besteht. In Leningrad existiert eine Organisation, die sich «Russische Nationalsozialistische Arbeiter-Partei» nennt. Sowjetischen Presseberichten zufolge entstand sie aus Schülern einer berufsbildenden Schule im Stadtteil Malaja Ochta. Die Gruppe fiel seit Anfang der 80er Jahre durch Schändungen jüdischer Friedhöfe und Pöbeleien auf. So wurden Passanten gezwungen, mit «Heil Hitler» zu grüßen, andere wurden zusammengeschlagen. Es soll sogar schon Todesfälle gegeben haben. Die «Parteigenossen» versehen sich mit Bezeichnungen wie «Standartenführer», «Rudolf Hess» oder «Ernst Röhm». Es bleibt aber zweifelhaft, ob es sich bei dieser Gruppe bereits um eine organisierte politische Organisation handelt. Vielleicht zeigt sich hier eine Jugend-Realität, die von Langeweile, Perspektivlosigkeit und der Suche nach Heilsbringern geprägt ist.

1 *Novij Mir* Nr. 5/1988, S. 171.

Die Samizdat-Presse

Wo das Wort nicht gestorben ist,
da ist auch die Sache noch
nicht tot.

Alexander Herzen

Seit Gorbatschow ist die Sowjetpresse eine Macht. Sie ist nicht, wie in den westlichen Systemen mit ihrer Gewaltenteilung, die viel beargwöhnte «vierte Macht» im Staate. Vielmehr bildet sie im Zeichen von Glasnost das zentrale Gegengewicht gegen den allgewaltigen Parteiapparat. In den offiziellen Medien erscheinen Beiträge, die früher undenkbar gewesen wären: Da werden Korruption und Schlamperei angeprangert, die Wahrheit über den Ribbentrop-Molotow-Pakt zu Tage gefördert und Umweltprobleme mit drastischer Schärfe geschildert.

Doch bei aller neuentdeckten Offenheit der offiziellen Presse gehen Zahl und Einfluß der inoffiziellen Publikationen, des Samizdats (etwa: «Selbstverlag»), keineswegs zurück. Im Gegenteil: Neue Zeitschriften und Magazine zu allen die Sowjetgesellschaft bewegenden Themen sprießen wie Pilze aus dem Boden. Ihre Zahl hat mittlerweile die 400er-Grenze längst überschritten (vgl. Tabelle S. 90). Die Reaktion des konservativen Teiles des Apparates: «Im Lande ist jetzt ein Netz von unabhängigen Publikationen entstanden, deren Grundprinzip darin besteht, keine Materialien sowjetischen Inhalts zu veröffentlichen. Wie kann man das zulassen? Man will das Immunsystem des Volkes gegen ideologische Diversion schwächen. Man will das Volk mit ideologischem Aids infizieren», wetterte der aserbaidschanische Parteichef Abulrachman Wesirow auf dem April-Plenum des ZK.[1]

Das Wachstum der Untergrundpresse hängt vor allem mit den neuen Rahmenbedingungen zusammen. Zwar gibt sie weiterhin die Zielscheibe von Hetzartikeln vieler Parteiorgane ab, doch hat der repressive Druck nachgelassen. Die Redakteure werden nur noch sel-

1 Zitiert nach der *ZEIT* vom 5.5.89.

ten verhaftet, Beschlagnahmungen von Arbeitsmaterialien wurden zur Ausnahme. Wo in den Zeiten von Glasnost die Schwierigkeiten der inoffiziellen Presse liegen, darüber gibt der Forderungskatalog einer Tagung von Samizdat-Redakteuren im Oktober 1987 in Leningrad Auskunft:

Erste Forderung ist die Absicherung der Organe als juristische Person. Das Verbot, genossenschaftliche Verlage bilden zu können, behindert die Arbeit sehr. Insbesondere ist es unmöglich, Druckaufträge zu vergeben. Ein neues Pressegesetz soll endlich vorgelegt werden.

Ungehinderter Zugang zu Vervielfältigungstechniken war ein zentrales Anliegen. Noch ist es in der Sowjetunion unmöglich, legal einen Fotokopierer, geschweige denn eine Druckmaschine zu besitzen. Offizielle Stellen, die als einzige über derartige Maschinen verfügen, weigern sich, diese dem Samizdat zur Verfügung zu stellen. So bleibt den alternativen Zeitungsmachern nichts anderes übrig, als ihre Produkte mühsam mit der Schreibmaschine zu vervielfältigen. Das fünfzig Seiten starke Leningrader Journal *Merkurij* muß ca. 300mal abgetippt werden, um eine Auflage von 1500 Exemplaren zu erzielen.

Schließlich wurde die noch immer vorkommende Verfolgung von Redakteuren als «arbeitsscheue» Elemente verurteilt.

Die folgenden Witze sind der satirischen Samizdat-Zeitschrift *Sovetskaja Moralka* (Sowjetisches Moralchen) entnommen:

Warum ist Seife knapp? – Weil sich die Partei reinigt.

Wenn man sagen will, daß es keine Demokratie gibt, sagt man «Sozialistische Demokratie».

Ein neues Thema für einen Horrorfilm: «Ein Jungkommunist verlor seinen Parteiausweis».

Wodurch unterscheiden sich Hosen von einem Parteikomitee? – In der Hose steckt nur ein Arsch, im Parteikomitee sitzen viele.

Der Kommunismus kommt – rette sich wer kann.

UNSER ZIEL – DER KOMMUNISMUS – Inschrift über dem Eingang einer Artillerieschule.

Was ist proletarischer Internationalismus? Wenn es in Rjasan keine Butter gibt und in Liverpool gestreikt wird.

Aus Anlaß des 119. Geburtstags V. I. Lenins stellte die Parfüm-Fabrik «Morgenröte» eine neue Kreation mit dem Namen «Geruch Iljitschs» vor. An diesem fast runden Jahrestag begann das Uchrjupinsker Möbelkombinat mit der Produktion eines Bettes für drei Personen mit dem Namen «Lenin ist mit uns».

Wenn du aus Gott einen Teufel machen willst, so häng in jeder paradiesischen Kathedrale sein Porträt auf und sende im paradiesischen Rundfunk jede Stunde ein Halleluja, und Gott wird innerhalb von zwei Wochen zum Teufel, selbst für die Engel.

Die wachsende Bedeutung der Samizdat-Presse hängt auch mit der wichtigen Rolle zusammen, die ihr im Zeitalter der Umgestaltung zufällt. Dies zeigt sich an einer neuen Gattung von Zeitschriften, jene der Mitteilungsblätter oder Bulletins der informellen Gruppen. Die Schriften begründen weniger eine Gegenöffentlichkeit – die Mehrzahl der herausgebenden Gruppen steht der offiziellen Politik nicht grundsätzlich feindlich gegenüber –, als daß sie vielmehr gesellschaftliche Diskussionsforen bilden, in denen offiziell noch kaum angesprochene Probleme behandelt werden. Gleichzeitig können in ihnen bislang abgelehnte Lösungsansätze offen erörtert werden. Man kann sie auch als Seismographen bezeichnen, die sensibler als die offizielle Presse auf anstehende Probleme oder Defizite reagieren wie z. B. bei der Erhaltung religiöser Friedhöfe. Man beginge allerdings einen Fehler, würde man alle ihre Veröffentlichungen unter die Rubrik «alternativ» einordnen. Denn auch die Informellen der gemäßigten und äußersten Rechten verfügen über eigene Organe, deren Zahl und Bedeutung ebenfalls wächst.

Daneben spielen die in der Tradition der Dissidentenbewegung stehenden Blätter weiterhin als Informationsbörsen und gesellschaftliches Gewissen eine wichtige Rolle. Blätter wie *Ekspress-Chronika* oder *Glasnost*, beide von ehemaligen politischen Gefangenen gegründet, verfügen über ausgezeichnete Quellen und Kontaktpersonen. Das Schicksal Inhaftierter und die Zustände in sowjetischen Gefängnissen und Psychiatrien nehmen in ihrer Berichterstattung einen breiten Raum ein.

Eine dritte, oft unterschätzte Kategorie bilden die scheinbar «unpolitischen» Zeitschriften. Die meisten stammen aus der Jugendkultur, befassen sich mit Rockmusik oder Mode. Die Identifikationswirkung von Blättern wie «Roksi» oder «Ucho» (Ohr) kann kaum überschätzt werden. Erstmals ist es einem Teil der jungen Generation möglich, ihre Gedanken eigenständig zu formulieren und öffentlich zu machen. Daneben gehören zu dieser Gruppe die religiös und kulturell orientierten Samizdat-Publikationen.

Die folgende Tabelle mit Zahlenangaben über die inoffizielle Presse veröffentlichte die unabhängige sowjetische Agentur IAS im April 1989 (die Zahlen in Klammern beziehen sich auf Mitte 1988):

Thematik der Blätter	**Zahl**
gesellschaftspolitische	132 (37)
liberaldemokratische	130 (22)
marxistische	51 (21)
künstlerisch-philosophische	49 (10)
musikalische	33 (0)
christliche	31 (7)
nationale	27 (0)
jüdische	9 (0)
ökologische	8 (4)
humoristische	5 (1)
ökonomische	4 (0)
pazifistische	4 (0)
krishnaitische	2 (0)
Übersetzungen	2 (1)
Kinderausgaben	2 (1)
Ausgaben im Geist von Tolstoi	1 (0)

Eine demokratische Alternative. Parteigründungen

Politische Opposition ist der Garant der Demokratie.

Losung des Organisationskomitees
der russischen Sozialdemokraten

Fast fünfzig Prozent der Moskauer sind nach einer Umfrage des *Spiegels* vom Juni 1989 für die Einführung des Mehrparteiensystems. Breite Schichten der Bevölkerung beginnen das Monopol der KPdSU immer offener in Frage zu stellen. In informellen Journalen diskutieren die Aktiven der Bewegung über den besten Zeitpunkt für Parteigründungen. Erste Keimzellen, sogenannte Organisationskomitees, sozialdemokratischer, grüner, nationalistischer oder anarchistischer Parteien existieren bereits. Die Entwicklung scheint unaufhaltsam.

Und sie besitzt eine gewisse Folgerichtigkeit. Die Sowjetunion wird von einer Partei regiert, die diese Bezeichnung kaum verdient. Die KPdSU ähnelt eher einem bürokratischen Monster und Agglomerat verschiedenster Seilschaften als einer dynamischen Führungskraft, die der Gesellschaft vorwärtstreibende Diskussionen aufzwingt. Demokratische Bewährungsproben sind den meisten ihrer Funktionsträger völlig unbekannt. Die Avantgardepartei Lenins ist im Lande des Michail Gorbatschow zum Fußkranken des Fortschrittes geworden.

Der Hauptgrund liegt im Fehlen jeglicher innerparteilichen Demokratie. Seit den 20er Jahren ist die Fraktionsbildung strikt verboten; inhaltliche Kontroversen kommen kaum zustande. In einer Partei der mutigen Berufsrevolutionäre regieren – trotz aller Reformen – immer noch Duckmäusertum und Vetternwirtschaft. Kein Wunder also, daß ein zunehmender Teil der Gesellschaft – und gerade der aktivste – diesen trägen, in Ritualen gefangenen Koloß für nicht mehr reformierbar hält.

«...empfehle Übernahme auch bei uns» – Stimmen aus der Provinz

Die Vor- und Nachteile eines Mehrparteiensystems werden längst nicht mehr nur in der hauptstädtischen Reformintelligenz diskutiert. Die folgenden Stimmen aus Tambow sollen zeigen, wie weit die Auseinandersetzung schon in die Provinz vorgedrungen ist. Die Meinungen wurden dem örtlichen Bulletin der Gesellschaft Memorial, *Sodejstvie* (Beistand), entnommen.

Grigorij Tschernizkij, Rentner, Veteran des Krieges: Telegramm

MOSKAU ZK DER KPDSU GORBATSCHOW – BEGRÜSSE DIE EINFÜHRUNG DES MEHRPARTEIENSYSTEMS IN UNGARN – RUFE ZUR ÜBERNAHME DES BEISPIELS AUF – TSCHERNIZKIJ –

V. Jepemeev, Mitglied der «Sodejstvie»-Redaktion: ... Eine Demokratie *für alle* ohne mehrere Parteien ist ein Paradox in sich und utopisch. Und wenn sich eine Partei dreimal kommunistisch nennt, so ist es sinnlos, von Demokratie zu reden, wenn sie allein dasteht und das Recht auf Wahl ausschließt – denn Demokratie ist vor allem die Freiheit der Wahl...

In der Gesellschaft gibt es Einzelpersonen und Gruppen von Leuten, die meinen, daß die Perestroika sich unzureichend und mangelhaft entwickelt, daß ihr Tempo nicht schnell genug sei. Aber diese Leute erhalten fast keinen Platz in den örtlichen oder zentralen Leitungen und Zeitschriften. Diese Leute wollen sich in ihrer eigenen Parteiorganisation zusammenschließen. Mit ihren eigenen legalen Presseorganen könnten sie dann mit der Führung der KPdSU über die verschiedenen Fragen des politischen Lebens diskutieren.

Schließlich ist es unerläßlich, vom Einparteiensystem wegzukommen, um jede politische Persönlichkeit unserer Gesellschaft kennenzulernen, um zu wissen, wer wer ist, was jeder wert ist und wie fähig jeder ist. Es ist schlicht Unsinn, wenn die Partei nur mit sich selbst in der Kunst der Politik, in der Ideenproduktion oder um die Parteiprinzipien wetteifert! ...

Die Idee einer Personalunion von Erstem Sekretär der Partei und Vorsitzendem des Sowjets ist für sich genommen gut, aber mit einer Einschränkung. Sie ist produktiv und für die Gesellschaft ungefährlich nur unter den Bedingungen eines Mehrparteiensystems...

Der Personenkult und der Einparteienkult sind ein und dasselbe. Wenn wir keinen Abschied von der Einparteienherrschaft nehmen, wird uns das Leben und die Geschichte bitterlich verspotten.

S. Jurew, Philologe: Die Frage nach dem Mehrparteiensystem ist eine der schwersten: Diese Schicht des Augiasstalls unseres «deformierten Sozialismus'» kann man nicht mit einer Mistgabel entfernen. Mit dem Unrat der Jahrhunderte darf jetzt nicht etwas Wertvolles auf dem Müll landen, etwas, was wertvoller ist als Würste und blaue Klosettdeckel, wie sie das jetzige System hervorbringt.

Die Geschichte zeigt uns anschaulich, wohin die Versuche eines «großen Sprungs» in der Wirtschaft wie in der Politik führen. Darum scheint mir, sollten wir uns nach dem Prinzip der etappenweisen Entwicklung der Demokratie richten. Gerade wurde die Reform des Wahlsystems durchgeführt, man holte sich Beulen in der Wahlkampagne. Jetzt nennt man es «Wir lernen Demokratie»... Man kann nicht aus halbfeudalen gesellschaftlichen Beziehungen, von denen uns erst vier Jahre trennen, direkt in den Ozean der frei entwickelten Demokratie springen...

Ja, die Partei selbst kann ihre Struktur ändern. Sie kann einen mehr oder weniger demokratischen Weg einschlagen, immerhin. Man muß nur wollen. Ich denke, daß der Generalsekretär selbst inzwischen begriffen hat, daß nur durch Resolutionen der Parteikonferenz den Anti-Perestroikakräften nicht beizukommen ist.

Ich bin im Prinzip mit der Idee eines Mehrparteiensystems einverstanden. Gebt nur noch fünf Jahre Zeit...

«Eine Sensation, die man erwartete»[1]

Einige Organisationen sehen den Zeitpunkt gekommen, der in ihren Augen abgewirtschafteten KPdSU andere Parteien entgegenzustellen. Die bekannteste dieser Art ist die Demokratische Union (DS):

Als sich am 7. Mai 1988 ca. 150 Menschen aus mehr als zehn Städten der gesamten Sowjetunion in einer Moskauer Privatwohnung versammelten, hatten sie viel vor. Sie wollten nicht mehr und nicht weniger als eine Partei gründen. Daß ihnen dies trotz aller Schikanen, Verhaftungen und Störversuche der Miliz und des KGB in den Tagen bis zum 9. Mai gelang, ist eine bemerkenswerte Leistung.

Der Gründungskongreß begann mit gegenseitigen Versicherungen der Entschlossenheit. Der zweite Tag blieb den Arbeitsgruppen vorbehalten. Hier wurden Programm, Gründungserklärung und Satzung ausgearbeitet, bevor es am dritten Tag, dem 9. Mai 1988, endlich soweit war: Nach siebzig Jahren wurde die erste Oppositionspartei der UdSSR gegründet.

Die Demokratische Union will das Land auf ein «europäisches Niveau» bringen. Ihr gemeinsamer Nenner sind dabei die Rechte des Individuums. Der einzelne müsse absolute Priorität vor dem Staat, dem Kollektiv, genießen, heißt es in den «Politischen Prinzipien» der Partei. Rechtssicherheit, Gewaltenteilung, Entideologisierung der Gesellschaft, nationale Selbstbestimmung und das Recht auf Parteigründung seien dafür unabdingbare Voraussetzungen. Als erste praktische Maßnahmen werden u. a. die Freilassung aller politischen Gefangenen, die Abschaffung des KGB als politische Polizei und die Abkehr von imperialistischen Herrschaftsformen genannt. Innerparteilich wird großer Wert auf föderative Strukturen und die Rolle von Fraktionen gelegt. «Unser Programm ist ein Programm der Übergangsperiode vom Totalitarismus zur Demokratie, zum politischen, ökonomischen und geistigen Pluralismus – zu einer freien Gesellschaft, einem freien Land», wird die zurückzulegende Wegstrecke abgesteckt.

Vom 27. bis 29. Januar 1989 fand in Riga bereits der zweite Parteitag der DS statt. Die 130 Delegierten aus 36 Städten vertraten 512 Mitglieder und ca. 200 Kandidaten. Über die Hälfte rechnete sich den

1 So betitelte das Samizdat-Magazin *Chronograph* seinen Beitrag über die Gründungssitzung der Demokratischen Union.

verschiedenen, inzwischen entstandenen innerparteilichen Fraktionen zu:
26% den liberalen Demokraten, 10% den Christdemokraten, 8% den demokratischen Kommunisten, ebenfalls 8% den Sozialdemokraten.

Der zweite Parteitag verlief relativ unspektakulär. Es wurden Resolutionen zu aktuellen politischen Fragen verabschiedet (Karabach, Krimtataren, russische nationale Frage). Das wichtigste aber war, daß die Partei ihre Überlebensfähigkeit gezeigt hatte. Ihr weiteres Schicksal wird wesentlich von der Entwicklung der Demokratisierung, mehr aber noch von der Fähigkeit der KPdSU zur Schaffung demokratischer innerparteilicher Strukturen abhängen. Bislang zeigte sich die Staatsmacht nicht sonderlich bereit, die Alternativpartei zu tolerieren: Neben ca. 10000 Rubel Geldstrafe waren bis Ende Januar 1989 schon ungefähr 700 Hafttage an DS-Mitglieder verhängt worden.

Deklaration der Demokratischen Union

Der Mensch ist frei geboren und keine Ideologie oder soziale Idee kann ihm den Verlust dieser Freiheit ersetzen. Das Recht auf Zweifel, auf die eigene Suche, auf Dissenz mit der Mehrheit, auf Irrtum und auf Verteidigung seiner eigenen Konzeption – all dies sind althergebrachte Rechte des Menschen. Das Wesen der Freiheit ist das Recht dagegen zu sein. Diese Freiheit verloren wir seit dem Oktober 1917 allmählich, fast verloren wir sie ganz. Und dies prädestinierte den gesamten Lauf der Geschichte unseres Landes.

Das Monopol der Partei, zuerst auf Wahrheit, dann auf politische Macht und schließlich im ökonomischen und geistigen Leben der Gesellschaft, führte das reichste Land der Erde an den Rand der materiellen Not seiner Bevölkerung. Und eine der größten Kulturen der Welt versank in Mittelmaß und geistiger Verarmung. Die Rückständigkeit der inneren demokratischen Kultur ebenso wie die Art des Denkens und die Handlungsfreiheit der breiten Masse der Bevölkerung stehen in der Tradition des byzantinischen Absolutismus und der russischen Selbstherrschaft. Diese Traditionen, die nach 1917 noch verstärkt wurden, müssen überwunden werden. Anderenfalls erwarten das Land soziale Erschütterungen als Resultat ökonomischer Katastrophen, politischen Verfalls und geistig-moralischen Niedergangs. Die Millionen, die auf dem Altar des Totalitarismus geopfert wurden, diese tragische Erfahrung vieler Länder, zeigte, das es keine Alternative zur demokratischen Gesellschaft gibt.

Die Ideologie der allein regierenden kommunistischen Partei, die als einziger Weg zur absoluten Wahrheit und zum Paradies auf Erden angesehen wurde, führte das Volk zu Verbrechen und tragischen Fehlern. Im Namen eben dieses «Paradieses auf Erden» wurden permanente Säuberungen durchgeführt. Je mehr das Regime tötete, folterte und Gegnern nachstellte, desto mehr wurde vorgegaukelt, daß eine Gesellschaft naht, in der es keine Gewalt, keinen Mord geben wird. Aber der Weg der Lügen und der Verbrechen führt nie zu einer solchen Gesellschaft...

Keiner hat das Recht, für das Volk zu entscheiden, welchen Weg die Gesellschaft nehmen soll; nur das Volk selber kann diesen Weg wählen in grundlegender Übereinstimmung und freier Willensäußerung. Aber damit das Prinzip der Volksherrschaft nicht eine ideologische Fiktion bleibt, muß die mit der Mehrheitsentscheidung nicht einverstandene Minderheit die legale Möglichkeit zur breiten Agitation für ihr anderes Gesellschaftsmodell haben. Eben in dieser Abwesenheit der Unterdrückung von Minderheiten unterscheidet sich die Demokratie vom gegenwärtigen demokratischen Zentralismus.

Weil wir all dies wissen und die Lehren aus der tragischen Geschichte unseres Landes ziehen, kamen wir zwangsläufig zur Gründung der DEMOKRATISCHEN UNION (DS), die Menschen unterschiedlicher politischer Anschauungen vereinen soll, von Eurokommunisten und Sozialisten bis zu Unterstützern eines westlichen Gesellschaftsmodells. Über alle ideologischen Unterschiede hinweg vereinigt uns das Prinzip der Achtung vor den Menschenrechten und das Prinzip des Pluralismus, wie es einst Voltaire formulierte: «Ihre Meinung ist meiner zutiefst feindlich, aber für Ihr Recht sie auszusprechen würde ich jederzeit mein Leben opfern.»

Die DS verurteilt die Gewalt nicht nur, weil sie moralisch unannehmbar ist, sondern auch weil jede gewaltsame Aktion des Volkes im Wesen eine nationale Tragödie ist und nicht zur Humanisierung der Gesellschaft führt...

Die Fortsetzung der Politik der Demokratisierung wird zu normalen Bedingungen für ein legales und konstruktives Wirken der DS führen. Andererseits ist die Existenz einer legalen Opposition eine der notwendigen Garantien für die Unumkehrbarkeit der Perestroika: dem Staatsschiff, auf einer Seite überladen, droht die Katastrophe...

Wir wollen, daß Rußland einen würdigen Platz unter den Völkern und Staaten einnimmt, aber nicht gestützt auf Waffen, sondern auf die Mittel seines großen Geistes. Davon träumten schon so große Humanisten und Aufklärer wie Herzen, Tolstoi und Dostojewski; man muß Abschied nehmen von imperialistischen Ansprüchen und Eroberungen. Wir müssen so auftreten, wie es uns ein großer russischer Poet hinterließ: «Schmeißt alles über Bord, was nach Blut stinkt, und glaubt, daß der Preis dafür nicht hoch ist» (W. Wyssotzki). Ein Volk kann nicht frei sein, das andere unterdrückt; daher sind wir strikt gegen eine Politik der Expansion der UdSSR.

Nach siebzig Jahren Sowjetstaat müssen wir ehrlich und offen das in ihm existierende Böse bereuen. Eine derartige Reue erniedrigt uns nicht, sie erhöht uns. Wir glauben an die unverbrauchten Kräfte des Volkes und seine Bereitschaft zur WIEDERGEBURT.

Das Erwachen des trägen Riesen. Informelle in der Provinz

Wir haben wenig Möglichkeiten,
aber viele Probleme.

Anatolij Verchovskij, Swerdlowsk

Man kann heute feststellen, daß die informelle Bewegung die gesamte Sowjetunion erfaßt hat. Fast jedes Provinznest besitzt seine Öko-Gruppen und Diskussionszirkel. In den Provinzstädten ist die bunte Vielfalt selbstorganisierter Aktivitäten kaum überschaubar.

Bei alldem lassen sich aber Zentren der «Perestroika von unten» ausmachen. Neben Moskau, Leningrad und den baltischen Metropolen ist Swerdlowsk, die Millionenstadt im Ural, eines von ihnen. Hier, in der Provinz, hat sich ein facettenreiches Spektrum informeller Aktivitäten entwickelt. Zwar reicht die Zahl der Gruppen und Aktivisten bei weitem nicht an die der beiden Hauptstädte heran, doch lohnt die nähere Betrachtung einer Provinzstadt, weil das Schicksal der informellen Bewegung auch und nicht zuletzt von ihrem Vermögen abhängt, eine Verankerung in der Provinz zu erreichen.

Mit Rock fing alles an

Die ersten Gruppen wurden 1986 gegründet. Sie entstanden aus der in Swerdlowsk traditionell starken Jugend- und Musikszene. Ihre Wurzeln reichen bis in die 60er Jahre zurück, als die Politlieder – vergleichbar mit denen bundesdeutscher Liedermacher – entstanden. Im Ural gelang es, auch modernere Musikformen in diese Szene zu integrieren. Entsprechend nannten sich die 1986 gegründeten Klubs «Klub des politischen und selbstgemachten Liedes», «Breakdance-Klub» oder «Metallisten-Klub». Einzelne Rockbands verfügen sogar über regelrechte Fan-Klubs. Die meist jugendlichen Mitglieder all dieser Gruppen organisierten in Zusammenarbeit mit dem kooperationsbereiten Komsomol der Stadt Discos und kleinere Konzerte. Das Festival des Politliedes fand 1988 bereits zum sechstenmal statt.

Die bekannteste und größte Gruppe dieser Art ist der im März 1986 gegründete «Swerdlowsker Rock-Klub». Seine mittlerweile 500 Mitglieder teilen sich auf ca. vierzig Untergruppen auf. Sie unterstützten einheimische Gruppen wie *Nautilus*, *Tschaj-F* oder *Kabinet*, halten Workshops ab, auf denen über neuste Entwicklungen in der Rockmusik diskutiert wird, und versuchen, Literatur über ihre Musik zusammenzutragen. Daneben bildet die Organisierung von Festivals einen Schwerpunkt der Arbeit. Höhepunkt dieser Bemühungen war bisher das im Oktober 1987 abgehaltene «Allunions-Seminar der Rockklubs». Die anwesenden Vertreter aus 27 Städten gründeten dabei eine «Allunionsföderation der Rockklubs des Landes».

Seit Mitte 1987 verbreitete sich die Szene. Zu den von Jugendlichen getragenen Gruppen kamen politische Klubs. Sie unterstützen fast ausschließlich den Demokratisierungsprozeß der Perestroika. In diese Kategorie gehören die örtliche Sektion von «Memorial» ebenso wie die «Union zur Unterstützung der Perestroika» oder die Gruppen «Forum» und «Rabotschij». Einige Umweltgruppen und der Pamjat-Ableger «Otetschestwo» vervollständigen das Bild. Im Gefolge einer vom Komsomol organisierten Diskussionsrunde unter dem Motto «Für eine nichtspießige Solidarität, für Vertrauen und Zusammenarbeit» beschlossen 27 Klubs im Mai 88 die Gründung eines gemeinsamen Dachverbandes, der «Assoziation gesellschaftlicher Vereinigungen» (AOO). Dieser gibt regelmäßig ein Informationsblatt, *Alternativa*, heraus und bemüht sich um eine verstärkte Koordination der Einzelaktivitäten. Bemerkenswert ist, daß der «Assoziation» demokratische Klubs wie die «Union zur Unterstützung der Perestroika» ebenso angehören wie die chauvinistische «Otetschestwo»-Gruppe. Offensichtlich steht hier die gemeinsame Frontstellung gegen die Bürokratie immer noch im Vordergrund. Inhaltliche Unterschiede werden demgegenüber irrelevant.

Die entscheidende Phase der Politisierung Swerdlowsks begann mit dem Rücktritt Boris Jelzins aus dem Politbüro Ende 1987. In diesem Ereignis liegt der Schlüssel zur Erklärung der herausragenden Stellung der Uralmetropole; ist sie doch die Stätte langjährigen Wirkens des heute populärsten russischen Politikers. Als unmittelbare Reaktion auf diese Vorkommnisse bildete sich die Gruppe «Meeting-87».

Die Organisation ist bis heute die wichtigste politisch orientierte informelle Vereinigung der Stadt. Sie verfügt mittlerweile über eine eigene Zeitschrift, *Slovo Urala*, und zeigt Aktivitäten bei Menschenrechtsfragen. Weiterhin bringt die Zusammenarbeit mit dem Moskauer Samizdat-Journal *Glasnost* des ehemaligen politischen Häftlings Sergej Grigorjanz ihr trotz aller Liberalisierung die Feindschaft der örtlichen Partei- und Staatsorgane ein.

Öffentliche Kundgebungen in Swerdlowsk

Swerdlowsk ist die Stadt Boris Jelzins. Welche Reaktionen sein erzwungener Rücktritt Ende 1987 dort hervorrief, schildert eine Beteiligte. Dieser Bericht legt die allgemeine Politisierung dieser Wochen offen wie auch die persönlichen Beweggründe der Autorin, der Gruppe «Meeting 87» beizutreten:

Im November 1987 fanden als Folge des Oktoberplenums des ZK auf dem Platz des Jahres 1905 nahe dem Lenindenkmal einige Versammlungen statt. Die Reaktion der Swerdlowsker auf dieses Ereignis und die Entlassung B. Jelzins vom Amt des ersten Sekretärs des Moskauer Parteikomitees war eindeutig. Ich meine die Reaktion einfacher, ehrlicher Sowjetbürger, die ihn bis dahin verehrt hatten, ihm glaubten. Auf dem Platz kamen Menschen zusammen, denen das Schicksal unseres Landes, das Schicksal der Perestroika alles andere als gleichgültig ist. Auf den Platz kamen Leute mit Sorge und Unruhe in der Seele. Die Leute wollten die Wahrheit aus erster Hand hören, die unkommentierten Materialien des Oktoberplenums und nicht die Wahrheit, die von «kompetenter» Seite zu ihnen dringt, und sei diese der Sekretär des Stadtkomitees selbst. Wir wissen durch bittere historische Erfahrung, daß diese Wahrheit für das Volk auf beliebige Art aufbereitet wird, z. T. völlig entstellt...

Die städtische Macht wendete extreme Mittel an, um die Versammlungen zu verhindern. In Artikeln der örtlichen Presse veröffentlichte sie ihre Ablehnung: die Teilnehmer der Versammlungen wurden als eine Handvoll Chaoten diffamiert, als zweifelhafte Subjekte, im günstigsten Fall als Ahnungslose. Radio und Fernsehen sendeten Warnungen vor den Folgen einer Versammlungsteilnahme aus. Die aktiveren Teilnehmer wurden behördlich gemaßregelt, teilweise sogar verhaftet. Kurzzeitig trat eine «Vorschrift über die Überlassung öffentlicher Gebäude, Straßen, Plätze, Parks und Gärten der Stadt Swerdlowsk an Werktätige und ihre Organisationen zwecks Durchführung von Versammlungen, Umzügen und Demonstrationen» in Kraft. Diese «Vorschrift» sollte weitere Versammlungen unmöglich machen.

Nach Rücksprache mit allen verantwortlichen Initiativen strebten die Organisatoren der Versammlungen deren Verlegung auf eine Baustelle am Stadtrand an. Das Ergebnis war allerdings nur ein generelles Verbot von Versammlungen, die angeblich «nicht notwendig» seien. Zum Schluß blieb ein bestimmter Kreis von Menschen, der ungeachtet aller Verbote und Drohungen sich selbst treu blieb und sich bis heute allwöchentlich auf dem historischen Platz versammelt. So wurde also die Gruppe «Meeting-87» gegründet. Ich wurde ihr Mitglied. Ich bin 48 Jahre, arbeite als einfache Ingenieurin und habe zwei erwachsene Kinder. In unserer Gruppe sind Menschen unterschiedlicher Berufe, verschiedener Altersgruppen und Nationalitäten. Aber uns alle vereint eins: wir wollen die Volksdemokratie verbreitern...

Was ist daran schlecht, wenn sich Menschen solidarisch einsetzen für ihre Gedanken, Ideen, konkreten Vorschäge, die die großen und kleinen Dinge des Lebens und des Arbeitskollektivs betreffen – in ihrer Stadt wie im ganzen Land? Was ist daran kriminell, wenn sich einander Unbekannte an ihrem freien Tag versammeln und frei sagen, was sie beunruhigt und erhitzt? Warum muß man das bekämpfen? Nur auf diesem Weg kann man Bürgersinn und soziale Aktivität bei allen Mitgliedern unserer Gesellschaft, seien sie Studenten oder Arbeiter, Rentner oder Hausfrauen, fördern. Denn gerade darin liegt der Kern der Demokratisierung, daß jeder Sowjetmensch – selbst der, der in der Vergangenheit Fehler gemacht hat – in seiner eigenen Achtung steigt und sich nicht mehr als sprachloses Schräubchen in den Händen der bürokratischen Maschine sieht, sondern sich in eine selbstbewußte, soziale Persönlichkeit verwandelt. Und selbst wenn jemand versucht, die Tribüne zu antibolschewistischen Äußerungen zu benutzen; hätte das etwa Erfolg im Volk? Es ist eine geschichtliche Erfahrung, daß die Volksseele aus einer hohen sittlichen Grundlage und einem von großer Weisheit erfüllten Gefühl der Ehrlichkeit besteht. So denken alle Mitglieder unserer Gruppe. Ich verehre sie sehr und denke, daß sie bei weitem nicht die schlechtesten Vertreter unseres Volkes sind. Es sind Leute, denen das Schicksal unseres Volkes wahrlich am Herzen liegt, die an ihren freien Tagen trotz familiärer Sorgen nach Antworten für die sie bedrängenden gesellschaftlichen Probleme suchen.

Warum, werden Sie fragen, sind wir so wenige? Wenn ich mit Bekannten oder Arbeitskollegen über unsere Gruppe rede, höre ich oft: «Ihr werdet keinen Erfolg haben, versteht Ihr nicht, daß alles sinnlos ist? Wenn euch der Hafer sticht – ignoriert es.» Oder: «Wir würden euch ja gerne helfen, aber wo ist die Garantie, daß nicht andere an die Macht kommen und es uns dann so ergehen wird wie vielen '37? Nein, wir wollen keine Unannehmlichkeiten.» Und die Wohlgesinntesten sagen schließlich: «Nun, dir kann eigentlich nichts passieren, du verlierst nichts, du bist parteilos, hast keine besonderen Vergünstigungen, hast eine Wohnung, die Arbeit wirst du nicht verlieren, deine Ehre ist makellos. Aber dann frage dich: Was bist du für eine Mutter? Denk an deinen Sohn, der studiert, was soll er noch arbeiten, wie wohnen?» Auch ich denke an meinen Sohn, und ich will nicht, daß er so wird, wie seine Mutter früher war...

Zu lebendig ist der Mechanismus, der uns gleichgültig gegenüber allem macht, was nicht unser eigenes Schicksal betrifft, unser Wohlbefinden und unsere Ruhe, der uns in spießige und gleichgültige Menschen verwandelt. Wir besitzen noch kein Selbstwertgefühl oder Selbstbewußtsein. Das Wissen um die Bedeutung der eigenen Person steht noch ganz am Anfang. Es liegt noch ein weiter Weg vor uns! Werden wir das Ziel je erreichen?...

Ein Artikel in der Zeitung *Swerdlowsk am Abend* endete mit der bürokratischen Tirade: «Wir erinnern den Rat des Diskussionstribunals... daran, daß wir in einem Staat der Sowjetdemokratie leben, wo die bestimmende und richtungsweisende Kraft der Gesellschaft die kommunistische Partei ist, und die Gespräche sollten die Unerschütterlichkeit dieses Wertes zur Kenntnis nehmen.» Schon aus dem Wort «Unerschütterlichkeit» spricht eine solche Kälte, eine solche Hoffnungslosigkeit, daß man denkt: «Diese Wand zerschlägst du nicht.»

Derartige Parolen brauchen wir nicht mehr. Wir brauchen keine schönen Worte mehr, davon haben wir seinerzeit genug gehört. Es ist kein Geheimnis, daß zur Zeit des Stillstandes ein großer Teil von Leuten aus Trägheit oder Berechnung in die KPdSU eintraten... Ist nicht so die Autorität der KPdSU bei den Massen ins Wanken geraten? Wie viele von denen, die bisher durch ihren Rang vor jeder Kritik geschützt waren und als unantastbar galten, werden noch entlarvt werden? …

Legt den gesunden Kräften der Gesellschaft keine Hindernisse in den Weg, die noch existieren und die teilnehmen wollen an der Lösung der brennendsten Probleme des Landes. Und noch eine Frage: Wie kann man die zur Ordnung rufen, in deren Händen sich jene Presse befindet, die ungestraft Menschen verletzen und vernichten darf, und deren Bemühungen um Fortschritt sie zunichte machen?»

Ingenieurin der Swerdlowsker Filiale des Instituts «Giprotjumen' neftegaz» Tatjana Pawlowna Selina

Aus: *Uralskij Vestnik* Nr. 1, Febr. 1988

Ebenfalls seit Mitte 1987 entwickelt sich in Swerdlowsk eine reiche informelle Kunstszene. Ihr Ziel ist in erster Linie die Verbesserung der Arbeitsbedingungen nonkonformer Künstler, die Hebung ihrer materiellen Basis und die Schaffung von Ausstellungsmöglichkeiten. Dieses Programm vertreten Gruppen wie «Surikova 31», die «Schöpferische Vereinigung der Literaten» (TOL) oder die «Vereinigung der schöpferischen Jugend» (OTM). In ihrem Umfeld bewegen sich Gruppen wie «Sodruschestwo» (Zusammenarbeit), die sich mit der Erschließung der chinesischen Kultur – besonders der spiritistischen Elemente – befaßt.

Die Gruppe «Vernissage», einer der Künstlerklubs, besteht mittlerweile aus 65 Mitgliedern. Ihr Ziel ist es, die Einwohner Swerdlowsks an die moderne Kunst heranzuführen. Sie wollen so den Demokratisierungsprozeß fördern, da ihre Aktivisten der Meinung sind, daß dieser ohne ein breites Verständnis für die neuen Tendenzen in der Weltkultur nicht erfolgreich sein kann. Auch soll den Künstlern auf ihrem Weg zur Professionalisierung Hilfestellung geleistet werden. Beidem dienen die Ausstellungen, die «Vernissage» veranstaltet und auf denen die beteiligten Künstler ihre Werke auch verkaufen können.

Der durchschnittliche Aktivist: jung, männlich und gebildet

Die Swerdlowsker Komsomolzenzeitung *Na smenu* veröffentlichte anläßlich der Gründung des AOO die Ergebnisse einer soziologischen Studie, die die Zusammensetzung der informellen Gruppen in der Stadt untersuchte. Demnach sind nur 24% der Mitglieder Frauen; eine Tatsache, die deutlich die patriarchalischen Strukturen auch bei den Alternativen sichtbar macht. Das Durchschnittsalter der Aktivisten beträgt 30 Jahre, 44% von ihnen besitzen eine höhere Bildung, 6% verfügen über ein niedriges Bildungsniveau. Die Zahl der Parteimitglieder oder -kandidaten beträgt lediglich 9%, während fast die Hälfte Mitglied im Komsomol ist. Den schlechten Ruf der offiziellen Organisationen illustriert, daß nur 30% der Informellen mit ihnen zusammenarbeiten wollen, während es umgekehrt ⅔ der Vertreter von Partei und gesellschaftlichen Massenorganisationen sind, die eine Kooperation mit Informellen befürworten. Besonders die erste Ziffer muß den Verantwortlichen einiges Kopfzerbrechen bereiten, deutet sie doch auf ein beachtliches Potential an politischer Radikalität unter den unabhängigen Aktiven hin.

Chronik des Klinkenputzens

Der folgende Artikel aus dem Swerdlowsker Samizdat-Magazin *Uralskij Vestnik* zeigt, welchen Schikanen viele Informelle – besonders in der Provinz – ausgesetzt sind. Außerhalb Moskaus regiert vielfach noch der selbstherrliche Ton der Breschnew-Jahre:

Den Leser wird es sicherlich interessieren zu erfahren, wie die vom Volk gewählten Vertreter arbeiten, was sie sagen und wie sie sich benehmen. Jene Menschen also, die das schwere Kreuz auf sich nahmen, für das Volk zu entscheiden, was es braucht – und was nicht:

10.12.87: V.N. Suworow und B.S. Prichodko reichen in der allgemeinen Abteilung des Stadtsowjets einen Antrag auf Abhaltung einer öffentlichen Versammlung am 20.12.87 ein. Das Thema: «Glasnost – wie kann die politische und schöpferische Aktivität der Massen weiterentwickelt werden». (Mit diesem Thema wurde eine Redewendung M. S. Gorbatschows aus der Rede auf dem 27. Parteitag der KPdSU genommen).

12. 12. 87: Noch keine Antwort aus der allgemeinen Abteilung.

14. 12. 87 Von Popow (stellvertretender Vorsitzender des städtischen Exekutivkomitees) empfangen:

Popow: Wozu brauchen Sie eine öffentliche Versammlung?

Wir: Wir möchten uns an die Arbeiter, Studenten, kurz an alle Bürger der Stadt wenden mit dem Vorschlag, offen alle das Volk interessierenden Fragen zu erörtern.

P.: Warum nutzen Sie dazu nicht das (offizielle) Diskussionstribunal?

Wir: Wir sind damit einverstanden, auf dem Diskussionstribunal aufzutreten, aber wir glauben, daß unsere Verfassungsrechte unerschütterlich sein sollten. – Erstens stören wir niemanden, zweitens müssen uns Plätze und Parks zur Verfügung gestellt werden. Sie gehören uns; sie sind von unserem Geld gebaut und sollen unseren sozialen Interessen dienen. Wir denken, daß Saaldiskussionen Scholastik und Doziererei sind. Vielleicht überläßt uns ja eine gesellschaftliche Organisation ihren Status?

P.: Keine gesellschaftliche Organisation nimmt Sie auf.

Wir: Warum?

P.: Wir halten öffentliche Versammlungen nicht für notwendig. Sieht so aus, als wäre das unsere Entscheidung. Aber warten Sie bis zum 16. 12. 87, Mittwoch ist die Sitzung des Exekutivkomitees und dort entscheiden wir über diesen Antrag.

16. 12. 87 Empfang bei Popow:

P.: Wir lehnen den Antrag auf Ausrichtung einer öffentlichen Versammlung ab.

Wir: Warum?

P.: Sie führten bereits am 13. 12. 87 eine Versammlung durch. Sie, Genosse Prichodko, traten dort auf, und wir glauben, daß Sie ehrlich sprachen.

Wir: Aber das war eine Versammlung zu einer anderen Frage. Es wurden Unterschriften für das Oktoberplenum des ZK gesammelt. Unser Thema wurde nicht berührt.

P.: Auf der Sitzung des Exekutivkomitees wurde entschieden, Ihnen keine Erlaubnis für eine Versammlung zu geben. Diese dient nicht den Interessen des Volkes, allein schon dadurch, daß die Ausrichtung Ihrer Versammlungen viele unserer Mittel beansprucht.

Wir: Geben Sie uns eine offizielle schriftliche Ablehnung.

P.: Wir geben keine schriftliche Ablehnung. Das ist alles. Mehr kann ich Ihnen nicht sagen. Entschuldigen Sie, daß ich zu spät kam.

Am *1.1.88* und *12.1.88* reichen Prichodko, Suworow, Nekrassow und I. Jakowlew zwei weitere Anträge ein. Die Themen der jetzigen öffentlichen Versammlungen sollen sein: «Protestversammlung gegen die neue Demonstrationsverordnung» und «Versammlung zur Erinnerung an den Demokraten und Revolutionär V. I. Lenin».

Der Kommission, die die Anträge bearbeitete, gehörten Kukuschkin (Vorsitzender), Lukin, Vacileva und Sartakow an.

Kukuschkin: Warum protestieren Sie gegen die Verordnung? Sie ist unerläßlich zur Aufrechterhaltung der öffentlichen Ordnung und für einen störungsfreien Ablauf des Verkehrs.

Wir: Warum müssen wir etwas von Ihnen erbitten? Wir glauben, daß es ausreicht, Sie über Zeit und Ort der Demonstrationen zu unterrichten. Den Rest nehmen wir in die Hand.

K.: Schauen wir uns Artikel 50 an: «im Interesse des Volkes»... Wir glauben, daß Ihre Demonstrationen nicht im Interesse des Volkes sind.

Wir: Und warum entscheiden Sie als Beamter, was im Interesse des Volkes liegt und was nicht? Vor Ihnen sitzt das Volk. Ich bin Arbeiter, er Ingenieur, und auf der Versammlung werden Vertreter des Volkes vor dem Volk auftreten. Wir glauben, daß diese unser verfassungsmäßiges Recht ist...

K.: Warum unbedingt eine Protestdemonstration? Warum keine Erörterung?

Wir: Also eine Erörterung, damit sind wir einverstanden. Das heißt, Sie geben uns eine Erlaubnis zur Abhaltung einer Versammlung zur Erörterung der «Verordnung»?

K.: Nein, nehmen Sie den Antrag, formulieren Sie ihn um und reichen Sie ihn erneut ein.

Wir: Jetzt?

K.: Nein, wir erörtern ihn später.

Wir: Wenn alles so bleibt wie es ist, dann sind wir nicht einverstanden. Das ist eine Blockade.

K.: Aber in dieser Form können wir Ihnen keine Erlaubnis für eine Versammlung geben.

Wir: Warum bestimmen Sie, ob eine Erlaubnis gegeben wird? Warum bestimmen Sie den Ort der Versammlung? Alles in dieser Stadt untersteht uns. Es wurde von unserem Geld und unserer Mühsal gebaut. Unser Wohlergehen hängt allein von uns ab, liegt in unseren Händen.

Vacileva: Uns hat das Volk gewählt, d. h. es gab uns das Recht zu entscheiden, was ihm nützt und was nicht.

Wir: Wir haben verstanden. Geben Sie uns eine schriftliche Ablehnung. Nach Ihrer Verordnung können wir gegen Ihre Entscheidung nur Protest einlegen, wenn wir sie schriftlich haben.

K.: Eine schriftliche Ablehnung geben wir Ihnen nicht.

Wir: Und warum mußten wir dann hier erscheinen?

K.: Um unsere Ablehnung anzuhören, das ist alles.

15. 1. 88: Prichodko, Nasyrow, V. Porwatow, F. Blinowa werden im Exekutivkomitee empfangen. Am Treffen nehmen der Vorsitzende der allgemeinen Abteilung, Kotschnew, die Protokollantin Golubewa und der Jurist Lukin teil.

Lukin (verliest): Entscheidung des Exekutivkomitees Nummer 19 vom 13. 1. 88. Zu den Anträgen vom 5. 1. 88 zum Thema «Protestversammlung...» und vom 12. 1. 88 zum Thema «V. I. Lenin – Demokrat...». Nach Durchsicht der vorliegenden Anträge entschied das Exekutivkomitee:

1. Wir empfehlen den Antragstellern, am städtischen Diskussionstribunal vom 25.1.88 teilzunehmen.

2. Die Abhaltung der Versammlungen ist nicht im Interesse des Sozialismus und seiner weiteren Vollendung.

Wir: Was, eine Versammlung zum Gedenken an Lenin ist auch nicht im Interesse des Sozialismus? Wie weit seid Ihr gesunken, Genossen?

Golubewa: Versammlungen zum Gedenken an Lenin führen wir nur im April durch; sonstige Gedenkversammlungen werden überhaupt nicht durchgeführt.

Wir: Dann geben Sie uns die Entscheidung in die Hand. Wir sehen, daß hier irgend etwas nicht stimmt.

Lukin: Nein, wir können sie Ihnen nicht geben.

Kotschnew: Uns wurde aufgetragen, sie Ihnen zu verlesen, sie Ihnen zu geben haben wir kein Recht.

Die neue Freiheit der sowjetischen Künstler

Die Politik verschwand und
deshalb wurde alles Politik.

Leonid Batkin

Dieser Satz des Kulturhistorikers Leonid Batkin beschreibt die Situation der Maler, Schriftsteller, Theatermacher und Musiker in der Zeit vor Gorbatschow. In der Kulturpolitik bestimmten Kampagnen gegen «Formalismus», «bourgeoise Dekadenz» oder «krankhafte Kunst» das Bild. Die Existenzbedingungen nonkonformer Maler oder Komponisten waren dementsprechend schwierig. Offizielle Ausstellungen oder die wichtige Aufnahme in den Künstlerverband blieben ihnen weitgehend verwehrt. Im Unterschied zu Nazi-Deutschland wurde ihnen allerdings ihre Arbeit im Privaten nie verboten. Zu Hause im stillen Kämmerlein konnten sie Bilder malen oder komponieren, soviel sie wollten. Allein die offizielle Sphäre war absolut tabu. Entsprechend sollte diese Kunst nicht als «Untergrund»-Kultur bezeichnet werden, wird dieser Begriff doch allzu leicht mit einer gewissen Illegalität oder Konspiration assoziiert. Korrekter ist es, von «inoffizieller Kunst» zu sprechen.

Von Eselsschwänzen und Bulldozern

«Diese pathologischen Hirngespinste sind nicht mehr als elende Imitationen der korrupten formalistischen Kunst des Westens.» Dieses kategorische Urteil Nikita Chruschtschows über einige in der Moskauer Manege ausgestellte abstrakte Bilder war ein deutlicher Schlußpunkt der liberaleren Kulturpolitik der «Tauwetter»-Zeit. Mit dem Urteil des Generalsekretärs von 1962, abstrakte Bilder sähen aus, «als seien sie mit einem Eselsschwanz hingeschmiert», endete die von vielen Künstlern so enthusiastisch begrüßte Öffnung der Sowjetunion für die westliche Moderne, aber auch für die eigene avantgardistische Tradition. Gerade erst hatte man Picasso und Malewitsch entdeckt; zusammen mit Matisse war auch Kandinsky wieder zu sehen gewesen. Das monolitische Gebäude des «Sozialistischen Realismus» – einer im Kern äußerst konservativen Kunstrichtung – hatte zu bröckeln begonnen.

Die Jahre nach Stalins Tod wurden so zur Initialzündung für das, was später zur «inoffiziellen Kunst» werden sollte. Internationale Treffen wie das Moskauer Studentenfestival von 1957 wurden zu ihren Kristallisationspunkten. Hier wurden Jazz und Rock'n'Roll ebenso begeistert aufgenommen wie die Ideen des Existentialismus. Aufbruchstimmung herrschte im Land. Kleine Klubs wurden zu Zentren der Aktivitäten. Formal einem Betrieb oder einer Behörde angegliedert, wurden sie von einigen engagierten Einzelpersonen betrieben und boten ein Forum für Musikabende, Ausstellungen oder Diskussionen auch kontroverser Gegenstände. Eines der bekanntesten Beispiele dieser Jahre war der einem überbetrieblichen Kulturzentrum angeschlossene Moskauer Klub «Unser Kalender».[1]

Nach dem Skandal in der Manege, spätestens aber nach Chruschtschows Absetzung 1964 endete dieses kurze Zwischenspiel einer eng begrenzten Freiheit in der sowjetischen Kulturpolitik. Die nonkonforme Szene spaltete sich. Eine Minderheit paßte sich an und existierte fortan als «linker» Rand des offiziellen Kulturbetriebes; die Mehrheit aber betrieb das, was man später die «inoffizielle Kunst» nennen sollte. Der Graben war tief und eindeutig. Auf der einen Seite standen die offiziellen, staatlich geförderten Maler, Schauspieler und Komponisten, denen großzügig Ateliers, Auftrittsmöglichkeiten und Erholungsheime zur Verfügung standen. Diese hatten dafür aber auch «eine Kunst der Gefälligkeit», wie sie der Maler Oskar Rabin nannte, abzuliefern. Auf der anderen Seite standen die Inoffiziellen, die «Nichtanerkannten». Ihre Lebensbedingungen unterschieden sich untereinander stark. Eines war aber allen gemein: das Verbot, ihre Arbeiten öffentlich zu machen, über sie in einen Diskurs mit dem Publikum eintreten zu können. Zwar versuchte man dem durch die Organisierung von Ausstellungen, Lesungen oder Happenings in

1 Die Atmosphäre der Chruschtschow- und Breschnew-Zeit wird eindrucksvoll in den Erinnerungen von Alexander Gleser, einem 1975 emigrierten Moskauer Kunstsammler beschrieben: Kunst gegen Bulldozer. Berlin 1982.

Privatwohnungen, der «Aptarts», entgegenzuwirken; der Erfolg blieb allerdings eher bescheiden. Kaum einmal gelang es, über den Kreis von interessierten Dissidenten oder Diplomaten hinaus ein größeres Publikum zu erreichen. Der spektakulärste Versuch, aus dem Getto auszubrechen, endete 1974 mit einem Fiasko, das allerdings auch die Hilflosigkeit der Staatsmacht eindrucksvoll demonstrierte: Bulldozer walzten eine illegale Ausstellung Moskauer Künstler auf einem unbebauten Grundstück am Stadtrand der sowjetischen Hauptstadt nieder. Bilder gingen in Flammen auf. Künstler und Besucher wurden von als «Arbeiter» verkleideten Sicherheitskräften geschlagen und verletzt.

In der Folgezeit verhärteten sich die Fronten noch mehr. Viele Künstler gingen ins Exil. Andere, wie die Maler Ilja Kabakow und Erik Bulatow, hielten sich mit Buchillustrationen und anderen Auftragsarbeiten über Wasser. Daneben versuchten sie, ihre Vorstellungen von Kunst durch Samizdat-Publikationen und Privatausstellungen zu verwirklichen. Die meisten reproduzierten das dogmatische Weltbild der Obrigkeit in ihren Köpfen, freilich mit umgekehrten Vorzeichen: Für sie waren der Kommunismus, die Oktoberrevolution und die Bürokratie die Wurzeln allen Übels; der kapitalistische Westen dagegen der Hort des Guten, sprich der künstlerischen Freiheit. Anfang der 80er Jahre, als die Deutsche Bank Arbeiten nonkonformistischer sowjetischer Künstler kaufte, wurden bundesdeutsche Besucher zu ihrer großen Verwunderung mit Lobgesängen auf dieses Unternehmen empfangen.

Derweil blieben die Informellen vom sowjetischen Kulturleben abgeschnitten. Der Maler Maksim Kantor erinnert sich später: «Nicht als ob ich geschwankt hätte in dem, was ich mache, ich war mir dessen immer sicher, daß ich geboren bin, um etwas Bestimmtes zu machen, das nur ich allein machen kann, und daß ich keine Wahl habe. Aber im Laufe einer langen Zeit war ich gewöhnt zu denken, daß niemand da sei, dem ich das hätte mitteilen können. Ich habe geschrien in meinen Bildern, niemand hörte aber diese Schreie.»[1]

Um der Einsamkeit zu entfliehen, vor allem aber um erträgliche Arbeitsbedingungen zu schaffen, schlossen sich einige Künstler in den dumpfen Breschnew-Jahren zu informellen Gruppen zusammen. So

1 Zitiert nach: Glasnost – Die Neuen Freiheiten der sowjetischen Künstler, Ausstellungskatalog. Emden 1988, S. 39.

nutzte die von 1983–1986 existierende, mittlerweile legendäre Gruppe «Kindergarten» die Räumlichkeiten eines Moskauer Kindergartens. Ihre Mitglieder arbeiteten dort als Hausmeister und Nachtwächter. Gleichzeitig konnten sie hier malen und Happenings veranstalten.

Eine andere Nische entdeckten die Theatermacher. Sie schlossen sich Laienzirkeln von Betrieben, Verwaltungen oder Ausbildungsstätten an, in deren Kulturhäuser sie, bei entsprechender Duldung der Leitungen, ihrer Kunst nachgehen konnten. Ihre Situation blieb dabei äußerst prekär, befanden sie sich doch in dauernder Abhängigkeit von der Obrigkeit.

Eine bessere Zeit?!

Die Wende kam mit dem von den Reformern um Michail Gorbatschow propagierten «Neuen Denken». Zwar wollten auch diese die Kultur für ihre Ziele nutzen; sie sollte eine aktive Stütze des Umgestaltungsprozesses werden – doch nicht mehr mit den alten «Kommandomethoden». Vielmehr sollten Malerei und Dichtung, Musik und Theater der Perestroika im Selbstlauf durch die Gewährung von mehr Freiraum nutzen. Die Kunst wurde wieder als autonomer Teil der Gesellschaft begriffen, der nicht am Gängelband der allmächtigen Politik zu führen ist.

Konkrete Gestalt nahmen die Pläne mit der Ersetzung des dogmatischen Kultusministers Pjotr Demitschew durch den ausgewiesenen Reformer Wasilij Sacharow an. Erstes sichtbares Signal dieser Umbesetzung war die erste Ausstellung inoffizieller Kunst im Februar 1987 in einem Saal unweit der Moskauer Metrostation «Kaschirskaja». Die Ereignisse erhielten nun bald ihre eigene Dynamik. Die Mitglieder der allmächtigen künstlerischen Dachverbände begannen zu revoltieren. Die Kinomacher und Schriftsteller wählten ihre alten Vorstände ab und machten konsequente Reformer wie den Regisseur Elem Klimow zu ihren Vorsitzenden.

Daneben begann man, die «Weißen Flecken» der eigenen Kunstgeschichte zu beseitigen. Bisher verfemte Werke Schosstakowitschs wurden ebenso konsequent «wiederentdeckt» wie die Maler der russischen und sowjetischen Avantgarde der 10er und 20er Jahre. Ein Höhepunkt war die große Chagall-Ausstellung in Moskaus renommiertem Puschkin-Museum Ende 1987. Den dritten Schwerpunkt einer liberaleren Kulturpolitik bildete die Öffnung nach dem Westen: Leihgaben wurde ausgetauscht, Expertentreffen veranstaltet, freie Theatergruppen auf ausländische Festivals geschickt und westlichen Künstlern, wie etwa Guenther Uecker, Einzelausstellungen gewidmet.

Wichtiger, weil folgenreicher vor allem für die bildenden Künstler, ist die Bekanntschaft mit dem kapitalistischen Kunstmarkt. Sammler und Galeristen fielen wie die Heuschrecken über die geschockten Maler und Bildhauer her. Groß ist da «die Versuchung, schnell zu Geld zu kommen, die Illusion des Erfolges», gab der Maler Boris Orlow zu Protokoll. Und: «Wir wollen keinen Ausverkauf in den Westen.»[1] Inzwischen bestimmen Sammler wie Peter Ludwig oder Henri Nannen den Geschmack der Offiziellen: «Wenn unsere Funktionäre erfahren, daß Ludwig was gekauft hat, dann ändern sie auch ihr Verhalten, betrachten unsere Bilder viel ernsthafter...», meint Dmitrij Wrubel, ein Moskauer Maler der jüngeren Generation. Den tiefsten Schock bereitete aber die im Juli 1988 vom exklusiven Londoner Auktionshaus Sotheby's veranstaltete Versteigerung sowjetischer avantgardistischer und zeitgenössischer Kunst. Die vertretenen Maler erzielten hier Preise, von denen vorher niemand auch nur gewagt hätte zu träumen. 100000 DM für ein Bild waren durchaus keine Seltenheit. Wer weiß, wieviel dieses Geld in der Sowjetunion wert ist, versteht, wieso die an der Auktion Beteiligten inzwischen neidisch als «exklusiver Klub der Sotheby's-Künstler» bezeichnet werden.

Auf der Suche nach neuen Orientierungen

«Die inoffizielle Kunst kann ihrem Charakter nach in der aktuellen Realität niemals offiziös werden. Das ist ganz ausgeschlossen, weil eben ihr Charakter immer alternativ ist, weil sie immer auf der anderen Seite steht als die offizielle Kunst. Wie immer es auch die offiziöse Kunst anstellen wollte, sich die nichtoffizielle einzuverleiben, wird

1 Welche Gefahr der westliche «Einfall» für die Eigenständigkeit der sowjetischen Kunst bedeutet, wird in den Beiträgen Peter Sagers im *ZEIT-magazin* 10 und 11/1989 deutlich.

diese immer die Gegenposition halten.»[1] Diese beinahe beschwörenden Worte Ilja Kabakows, eines der Altvorderen der inoffiziellen Kunst, zeugen eher von den Brüchen im alten Weltbild als von einer bereits abgeschlossenen Neuorientierung. Je mehr die früher so vertrauten Grenzen zwischen der korrumpierten, flachen offiziellen Kunst und der ehrlichen, facettenreichen inoffiziellen verschwimmen, desto notwendiger wird es für die Künstler selbst, ihren Standpunkt in der sowjetischen Gesellschaft zu finden.

Hinzu kommt, daß die bisherigen Gruppenstrukturen unter den neuen Verhältnissen nicht mehr tragfähig sind. Die nonkonformistischen Solidargemeinschaften, die ihre Gemeinsamkeiten eher in der Frontstellung gegen die repressive Staatsmacht hatten, müssen sich in dem Maße umorientieren, wie sich die offizielle Seite wandelt. Heute steht dieser wechselseitige Prozeß erst am Anfang. Noch gibt es zu viele versteinerte Kulturbürokraten, zu viele mittelmäßige Künstler, die es sich in der Welt des «Sozialistischen Realismus» wohnlich eingerichtet haben und um ihre Privilegien kämpfen.

Doch in dem Maße, wie sich dies ändert, sind Organisationen gefragt, deren Tragfähigkeit mehr auf gemeinsamen Vorstellungen beruht. Wie schwer das ist, zeigt sich in der Leningrader «Mitki»-Gruppe: Selbst diese verhältnismäßig homogene Gruppe ist überfordert, ihre Autonomie unbeschadet durch die Klippen der gorbatschowschen Öffnung zu retten.

Auseinandersetzungen mit dem «gesunden Volksempfinden»

Mit der Perestroika begann auch die Konfrontation der Künstler mit dem Publikum. Dabei kam es zu manch unliebsamer Überraschung. Begegnet man moderner Malerei oder Musik doch auch hierzulande mit einem breiten Unverständnis und z. T. unverhohlenen Ressentiments. Wie sollte dies in der Sowjetunion anders sein? Gleichzeitig wird auch deutlich, daß das sowjetische Publikum keineswegs bereit ist, alles ungefragt hinzunehmen, nur weil es bisher verfolgt worden ist.

1 Zitiert nach: Eric A. Peschler (Hg.): Künstler in Moskau. Schaffhausen 1988, S. 12.

Das zeigte sich bei einer Ausstellung des Malers Viktor Nikolajew (s. u.) im Moskauer «Kino des wiedergezeigten Films». Der Künstler bat dabei die Besucher, ihre Meinung in ein ausliegendes Heft einzutragen. Zwar gab es eine Reihe positiver Stimmen, doch daneben standen viele Äußerungen von erschreckend heftiger Ablehnung. Sie reichten von dem Vorschlag, Nikolajew wahlweise ins Ausland abzuschieben oder in eine Irrenanstalt einzuweisen bis hin zu der – nicht ganz unbekannten – Feststellung, ein vierjähriges Kind hätte diese «Schmierereien» ebenso zustande bringen können.

Demnach wäre die inoffizielle Kunst dann nicht nur von sturen Apparatschiks, sondern auch von einer Mehrheit von ablehnend eingestellten Sowjetbürgern bedroht. Boris Orlow hat dies erkannt, wenn er sagt: «Die früher inoffizielle Kunst ist immer noch nicht vollständig aus ihrem Getto ausgebrochen, heute will man sie am liebsten ins Ausland abschieben.»

«Auf jeden Fall will ich in der Sowjetunion bleiben»

Die vielfältige, unabhängige Kunstszene der Sowjetunion entstand nicht von heute auf morgen. Ihre Vertreter waren zumeist schon unter den schwierigen Bedingungen der Breschnew-Jahre aktiv. Wie lebten sie, was hat sich inzwischen für sie geändert? Vielleicht gibt die kurze Autobiographie Viktor Nikolajews, eines weithin unbekannten Moskauer Malers, einige Hinweise:

Ich wurde 1943 in Moskau geboren. Zunächst nahm mein Leben einen ganz gewöhnlichen Verlauf: Ich ging zur Schule, absolvierte eine energietechnische Fachhochschule. Nebenbei interessierte ich mich für Technik, Medizin und Literatur. All dies befriedigte mich wenig. Bis ich 1970 die Malerei entdeckte! Ich fühlte die grenzenlosen Möglichkeiten bei jedem Schritt. Zwei Jahre malte ich Landschaften und Porträts, dann entdeckte ich die moderne Malerei. Ich setzte mich intensiv mit Paul Klee auseinander. Bis 1975 fesselte mich die symbolisch-geometrische Abstrakte.

Plötzlich flog die vorherige Gewißheit meines Lebens in die Luft.

Die Welt wurde leichter, vielseitiger, aber auch unsicherer und unverständlicher. Die ganze Zeit hielt ich mich mit Gelegenheitsjobs über Wasser. Ich führte eine halblegale Existenz. Am Anfang gab es immer wieder Schwierigkeiten, aber seit dem KSZE-Abkommen wurde das Gesetz gegen arbeitslose Vagabunden nicht mehr angewandt.

Seit der Perestroika ist für mich einiges besser geworden: Ich hatte erste Ausstellungen in Kinos, Kulturhäusern oder auch im Glinka-Museum. Im Oktober habe ich meine erste Ausstellung im Westen, in Paris. Vor allem emotional ist das wichtig. Es bringt Anerkennung, Auseinandersetzung mit dem Publikum. Die Leute in der UdSSR interessieren sich mehr für Kunst als im Westen, obwohl sie natürlich auch viel Geschmackloses bevorzugen.

Was ich mir für die Zukunft erwarte? Auf jeden Fall will ich in der Sowjetunion bleiben. Ob die Perestroika Erfolg haben wird, ist schwer zu sagen. Für mich persönlich wäre wichtig, daß ich mit meiner Kunst Geld verdienen kann, obwohl ich natürlich schon Angst habe, in die Mühlen des Kommerzes zu geraten.

Die Studiobewegung

Die positivste Entwicklung brachte die Perestroika bisher für die freien Theater. Ihnen gelang es, besonders in den Metropolen, aus dem Schatten der Laienspielgruppen auszubrechen und unabhängigere Organisationsformen zu entwickeln. Das Zauberwort heißt dabei «Theater-Studios». Allein in Moskau gibt es davon mittlerweile rund zweihundert.[1] Während die meisten noch immer vom Wohlwollen der Leiter von Kulturklubs abhängen, gelang es einigen jedoch, freiere Arbeitsformen zu entwickeln. So erstritt sich das «Teatr-studija na Jugo-sapade» (Theater-Studio im Südwesten) eine eigene Spielstätte in einer der trostlosen Moskauer Satellitenstädte. 1987 etablierte dieses Studio als erstes eine privatwirtschaftliche und damit unabhängige Wirtschaftsform. Andere folgten diesem Beispiel.

1 Vergleiche zu diesem Thema insbesondere den Artikel von Andrea Gotzes in: *Osteuropa* 4/1989.

Heute scheinen für die Studios Auslandsreisen alltäglich zu sein. So gastierte im Januar 1988 «Tschelowek» (Mensch) in München.

Allerdings besteht noch kein Grund zur Euphorie. Nach wie vor verfügen die meisten Studios nur über eine schwache finanzielle Basis. Die Auftrittsmöglichkeiten sind beschränkt und die Schikanen der Bürokraten zu oft spürbar. Kein Wunder, daß die Bestrebungen wachsen, sich in Interessengemeinschaften zusammenzuschließen. So wurde 1986 das erste Festival (seit zwanzig Jahren) der Moskauer Theaterstudios zum Auslöser, eine Vertretung zu gründen. Die «Agentur der Liebhaber-Theater-Studios» soll sich um Räume und Materialien kümmern und Sponsoren vermitteln. Ebenfalls 1986 wurde die EChO (Eksperementalnoe chosrastschotnoe objedinenie, etwa: Experimentelle Vereinigung für wirtschaftliche Rechnungsführung) gegründet. Sie soll in Zusammenarbeit mit der Stadt Moskau vor allem das Raumproblem lösen.

Kooperative Kultur

Doch «wirtschaftliche Rechnungsführung» und «Kooperative» verheißen nicht nur alternativen Theatermachern ein besseres, staatsunabhängiges Kunstunternehmen. So kursieren in Moskau Pläne zur Gründung einer kooperativen Galerie. In Leningrad diskutiert der «Klub 81», ein von der Stadt geförderter Zusammenschluß nonkonformer Schriftsteller, die Gründung eines eigenen Verlages.

Der Veteran auf diesem Gebiet residiert in einer Nebenstraße der Moskauer Uliza Tschechova. Dort existiert mit Unterbrechungen schon seit Anfang der 70er Jahre der selbstverwaltete Jazz-Klub «Sinjaja Ptiza» (Blue Bird). Er gilt als unbestrittenes Zentrum des hauptstädtischen Jazzes. An ihm wurde allerdings auch die Kehrseite der wirtschaftlichen Selbständigkeit deutlich: Anfang 1988 mußte er wegen Unrentabilität für längere Zeit die Tore schließen. Erst nach drastischer Erhöhung der Eintrittsgelder konnte der Konzertbetrieb wieder aufgenommen werden.

Nonkonforme Lebensweisen

Ich bin das Schlechteste,
schlechter als du.
Ich bin unnütz, ich bin die
Häßlichkeit, der Dreck.
Doch dafür kann ich fliegen!

Aus dem Song *Graue Taube*
der Gruppe Svuki Mu

Seit Michail Gorbatschows Amtsantritt entwickelt sich in der Sowjetunion wieder eine kaum gekannte Vielfalt unterschiedlicher Lebensweisen. Was bisher – allenfalls – im Verborgenen blühte, betritt nun den öffentlichen Raum. Zur Irritation vieler Sowjetbürger prägen Punks und Break-Dancer, orthodoxe Gläubige und Krishna-Jünger, Metallisten und Lebenskünstler aller Art vielfach das Stadtbild. Vegetarier organisieren sich ebenso wie Menschen, die nach den Lehren Tolstois zu leben versuchen. Zwar sind all diese Nonkonformisten nach wie vor erheblichen Schikanen ausgesetzt, doch ist eine erhebliche Besserung der Lage unverkennbar. Alternative Lebensformen werden immer mehr zu einem unverzichtbaren Bestandteil der Perestroika. Zwei Organisationen dieser Art sollen skizziert werden: Die erste, das Moskauer «System», ist ein Zusammenschluß von Hippies; die zweite, die Leningrader Gruppe «Mitki», verfolgt eine eigenständige, russische Lebensweise.

Tribunal

von Jura Diversant

Wer sind wir, wollt Ihr wissen.
«Gestrauchelte, ungewaschene, üble Menschen,
Die ins Unbekannte gehen
Auf den vergessenen Wegen Rußlands.

Wir sind weit entfernt vom allgemeinen Weg,
Wir führen eine fürchterliche Schlacht für das Leben
Und rühren uns fast, fast gehen wir,
Obwohl viele bereits liegen ohne Bewegung...»

Ja, solche sind wir, wollen auch unsere Rechte
Für uns ist nur der Tod ein Zeuge
Wir versammeln das höllische Tribunal
Und machen das Leben für alle Laster verantwortlich

Aus: *Svoboda* Nr. 2, Moskau 1988

The Power of Love – Hippies in Moskau

Am 1. Juni 1988 bot sich den Spaziergängern in Moskaus Zarizino-Park ein seltsames Bild: Über dreihundert Langhaarige waren hier zusammengekommen, um den höchsten Festtag der hauptstädtischen Hippiegemeinde zu begehen: den Tag des Kindes:

«Der erste Juni. Ein wunderschönes Fest des ‹Moskauer Systems›. Und wir sind wie ehedem vereint. Mag jemand 15 oder 35 sein, das Rauschen der Blätter im alten Park bei dem verwilderten Teich erweitert einzigartig unser Empfinden...

Natürlich kann man noch vieles sagen, aber das fällt mir jetzt schwer. Ja, und es gibt Sachen, die sich nur dann eröffnen, wenn man einfach einen Menschen ansieht... und mehr nicht...

Für die Freiheit. Für eine Welt ohne Gewalt. Unseren Kindern eine bessere Zukunft. Für eine allgemeine Amnestie. Für eine Armee von Freiwilligen. FÜR GLÜCK UND LIEBE.»

Ende der 60er Jahre schwappte die «Flower-power»-Bewegung auch auf die Sowjetunion über. Besonders in Moskau gewann sie viele Anhänger. Unterdrückt von den Behörden, argwöhnisch beobachtet von der Bevölkerungsmehrheit blieben sie aber immer eine gefährdete Randgruppe. Die mit dem Jahr 1968 verbundenen Umbrüche, die studentische Revolte und die sexuelle Revolution, berührten die Sowjetgesellschaft kaum. Erst zwanzig Jahre später, mit Gorbatschows Perestroika, werden diese Tabus gebrochen. Die Hippie-Bewegung bildet dabei, wie damals im Westen, einen wichtigen Bestandteil.

In Moskau organisieren sich Alt- und Junghippies im «System», einem losen Zusammenschluß der Blumenfreunde. «WIR SIND FREI NUR MIT UNS UND IN UNS; DAS WOLLEN WIR BIS ZUM SCHLUSS GENIESSEN.» Dieser Satz aus dem ersten Manifest von 1972 kann als Motto der Gruppe gelten.

Das Individuum, seine Befreiung und Entwicklung stand und steht im Mittelpunkt des «Systems». Nur die allseitige Entwicklung seiner Persönlichkeit, seiner Emotionen, seiner Unabhängigkeit und seiner Liebe kann Ziel des Menschen sein. Nur aus dem Inneren jedes einzelnen entsteht wirklicher Frieden: «Und wenn man aus unserem Manifest einige praktische Ratschläge ableiten kann, dann diese: Hört weniger auf andere, meßt den Worten weniger Bedeutung bei, öffnet Eure Wahrnehmung für die Stimme Gottes, der, da sind wir sicher, in der Seele jedes Menschen klingt, nur ist nicht jeder bereit, ihn zu hören.» So das letzte Manifest von 1986.

Der Glaube an den «Gott in jedem» verbindet alle Mitglieder des «Systems». Ob dabei an Buddha, Jesus oder Krishna gedacht wird, ist unwichtig. Auch die marxistische Ideologie wird kurzerhand miteinbezogen: was sie «Intuition» nennt, sei auch nichts anderes als Gott in uns. Unverkennbar ist die Anziehungskraft besonders fernöstlicher Religionen auf die Moskauer Hippies. Neben Zen-Buddhisten gibt es viele Krishna-Jünger. Die Moskauer Sektion wurde 1977 von Hippies gegründet. Sie umfaßt momentan 300 bis 500 Gläubige. Im Mai 1988 gelang es ihnen, vom Staat die offizielle Registrierung als religiöse Gemeinschaft zu erwirken. Vorausgegangen waren mehrere Hungerstreiks von Krishna-Jüngern in verschiedenen Städten. Mit der erfolgreichen Registrierung wurden jahrelangen staatlichen Repressionen vorläufig ein Ende bereitet. Doch noch immer sitzen sieben Krishnaiten in staatlichen Lagern ein, in die sie im Zuge der offiziellen Kampagne Anfang der 80er Jahre eingewiesen wurden. Insgesamt waren damals über 50 Personen verurteilt worden.

Doch zurück zum «System». Typisch nicht nur für sowjetische Hippies sind seine Empfehlungen, wie die angestrebte Bewußtseinserweiterung erreicht werden kann: Ihr dienen lange Haare – sie sind die «Antennen des Menschen» – ebenso wie Rockmusik, abstrakte oder surrealistische Kunst. Künstlerische Beschäftigungen gelten allgemein als die wertvollsten. Politik entzweie die Menschen, die Wissenschaft gebe keine befriedigenden Antworten.

Wichtigste Institution im Leben der Hippies ist die «Tusovka». Dabei ist der Begriff einem Nicht-Eingeweihten nur schwer zu erklären. Wenn sich Freunde treffen, so ist dies ebenso eine «Tusovka» wie eine Wohnung, in der mehrere Hippies zusammenwohnen. «Tusovka» meint im Grunde die Gemeinschaft, das Zusammenkommen und Sich-Gut-Fühlen. Sie ist der «Duch», der Geist der Hippiebewegung.

Wenn auch Drogen bei einem Teil des «Systems» nach wie vor eine große Rolle spielen, so zeugt das 86er Manifest von einem Problembewußtsein: «Wir halten den Gebrauch von Rauschmitteln für ungerechtfertigt und treten kategorisch dagegen auf.» Die «psychologische Revolution» müsse auf anderem Weg erreicht werden. So seien beispielsweise Okkultismus und freie Liebe geeignetere Methoden.

Wie die meisten Hippies ist auch das «System» für Gewaltfreiheit. Der Pazifismus ist fester Bestandteil ihres Programmes. Nur die «Abrüstung der Herzen» könne letztendlich den Frieden garantieren. Ihre Innerlichkeit ist zentral anzusiedeln.

Im «System» gibt es eine Hierarchie. Jedes Mitglied hat einen «Status». Die unterste Stufe bilden die «Pioniere» oder «Novizen». Die höchste Stufe bilden die «Ältesten». Ältester wird man durch die allgemeine Anerkennung, wie überhaupt die gesamte Rangleiter nur auf der gegenseitigen Achtung beruht.

Ein Teil der Moskauer Hippies mischt sich mittlerweile aktiv in die Politik der Perestroika ein. Ihre Gruppe «Freie Initiative» gibt eine eigene Zeitschrift mit dem Titel *Svoboda* – Freiheit – heraus. Darin kämpft sie für Abrüstung, unabhängige Gerichtsbarkeit, Freiheit der Religionsausübung, Recht auf Verweigerung des Kriegsdienstes.

... über allem aber steht die Liebe. Wie heißt es doch auf der ersten Seite der Frühlingsausgabe von *Svoboda*: «Jeder findet das, was er sucht. Wer Freunde sucht, findet Freunde, wer Feinde sucht, findet Feinde, nur die Liebe sucht nichts!»

Was zum Teufel sind Mitki? [1]

1982 taten sich in Leningrad ungefähr zwanzig befreundete Künstler zusammen. Als Vladimir Schinkarew, der Schriftsteller unter ihnen, 1985 seine «Mitki»-Texte zu schreiben begann, kamen sie auf dic Idee, sich «Gruppe Mitki» zu nennen. Ihr Namensgeber und Prototyp ist Dmitri «Mitka» Schagin. Er, Schinkarew und Aleksandr Florenskij bilden den Mittelpunkt der Gruppe. Schinkarew war ursprünglich Geologe. Neben seiner Malerei hat er mittlerweile drei Bücher geschrieben: 1980 *Maksim und Fjedor*, 1987 *Papua aus Honduras* und 1985 bis 1986 die *Mitki*-Texte, die Aleksandr Florenskij illustriert hat. Darin wird der Stil von Zeitungskritikern parodiert, denn diese gelten als die «bösen, gebildeten Gegner der Mitki-Kultur». Die Texte sind insgesamt unpolitisch. Die Künstler sind nicht in der Partei und sind keine Dissidenten. Sie verhalten sich loyal. Die meisten sind verheiratet, haben Kinder. Aber das Familien- und das Künstler-Leben werden klar voneinander getrennt. Olga, die Frau von Aleksandr Florenskij, ist das einzige weibliche Mitglied der «Gruppe Mitki».

An den Namen «Mitki» knüpft sich nicht nur eine eigene Kunstart, sondern auch ein Lebensstil, der durch alkoholische Exzesse geprägt ist. Die Liebe der Künstler zum Alkohol war einer der Gründe, weshalb sie auch im ersten Gorbatschow-Jahr keine öffentlichen Ausstellungen als «Gruppe Mitki» wagten. Dazu kam es erst im Frühjahr 1988. Inzwischen interessiert sich vor allem der Westen für ihre Kunst. Im August/September 1989 reiste die Gruppe mit dem Bus nach Köln, Antwerpen und Paris. Über den Aufenthalt und die damit verbundenen Ausstellungen soll ein Dokumentarfilm gedreht werden.

Die Gruppe produziert «ernste» und «mitkische» Bilder. In ihrer ernsten Kunst sind sie eher konservativ und traditionalistisch. Ihr Re-

1 von Alexandra Schwerin von Krosigk.

spekt gilt den Impressionisten, vor allem Cézanne und van Gogh. Sie malen Landschafts- und Stadtbilder, Stilleben und Blumen. Ganz anders ist ihre «mitkische» Kunst. Es sind witzige, fröhliche Bilder, deren Thema die «Mitki»-Figuren aus Schinkarews Buch sind. Man erkennt sie an ihren Matrosenhemden, an ihren Bärten und dicken Bäuchen. In einer Reihe von Zeichnungen und Linolschnitten werden sie in comichaften Episoden dargestellt.

Schinkarews «Mitki»-Buch besteht aus fünf Teilen, die über zwei Jahre geschrieben wurden. In diesem hat sich Schinkarew eine Jugendbewegung von Hippies und Punks ausgedacht, die allerdings nicht westlich, sondern rein russisch orientiert ist. Sie reflektieren phantasievoll und überspitzt das Leben der Künstlergruppe, sind in ihrem Stil von diesem inspiriert. Die genannten Personen sind nicht fiktiv; es sind Künstler, bekannte Musiker der Leningrader Rock-Szene oder historische Persönlichkeiten darunter.

Die Bewegung hat einige Ähnlichkeiten mit der Beat Generation: der bohèmehaft-anarchistische, apolitisch-eskapistische, vorurteilslose Lebensstil, der Nonkonformismus, die hysterische Selbstbespiegelung und vor allem die Abkehr von Nützlichkeitsmoral, Zivilisationsreizen und Businessgetriebe. Wichtig sind auch die Abgrenzungen. Schinkarew beschreibt die Unterscheidung der «Mitkis» zu Punks: «Sie lachten laut und aggressiv, spuckten in alle Richtungen, tranken aus der Flasche, beleidigten Passanten. Das sind keine Mitki, nein! Mitki würden leise dastehen, sich selbst zu Füßen spucken, sich mit traurigen Stimmen unterhalten, die nur hin und wieder bei der Weitergabe der Flasche etwas lauter würden, und die Passanten würden die Mitki beleidigen.»

Schinkarews «Mitki» legen keinen Wert auf Luxus, Mode und den Westen (David Bowie und Adidas-Turnschuhe sind die Scheußlichkeit selbst). Sie interessieren sich für Alkohol, Kunst und Rußland. Ihre Weltanschauung tendiert zu der Formel «Orthodoxie, Absolutismus, Volkstümlichkeit» (womit die Grundprinzipien der offiziellen Ideologie von Zar Nikolai I. wiederholt werden). Sie wirken etwas leichtsinnig, so als hätten sie keine moralischen Prinzipien. Fest steht aber, daß sie völlig gewaltlos sind und niemandem absichtlich schaden.

Die «Mitki» pflegen ein russisches Aussehen. Sie kleiden sich in «Vatniki» (Wattejacken) und «Valenki» (Filzstiefel), tragen Bärte. Sie verehren die Matrosen, deren blau-weiße Hemden ihnen als

Erkennungszeichen dienen. Mit der typischen Arbeit als Heizer im Kesselhaus verdient ein «Mitjek» nicht mehr als siebzig Rubel monatlich. Er ist anspruchslos und kann sich wochenlang nur von Schmelzkäse ernähren, indem er dieses Produkt für schmackhaft, nützlich, ökonomisch und zeitsparend in der Zubereitung erklärt.

Es gibt jedoch einen unüberwindbaren Widerspruch: die «Mitki» würden sich zwar gegenseitig ihr letztes Hemd geben, mißgönnen einander aber alkoholische Getränke. Jeder ist so sehr von seinem Recht überzeugt, mehr trinken zu dürfen als seine Zechkumpanen, daß er diesen Charakterzug nicht einmal bemerkt. So war es ein ausländischer Beobachter, der die Formel fand: «Ein Mitjek trinkt nicht gern, wenn er allein ist. Aber er trinkt gern allein vor vielen Zeugen.»

Frauen scheinen nur schmückendes Beiwerk zu sein, die zur Unterhaltung beitragen und bestenfalls für Getränke sorgen. Sie werden kumpelhaft als «Schwesterchen» bezeichnet. Manche erhalten aber auch Ehrentitel wie «Du, mein einziges Schwesterchen». «Mitki» sind nicht sexuell. Wenn ein «Mitjek» sich aber zu seinem Schwesterchen sexuell verhielte, würde das unvermeidlich die Bewegung der «Mitki» unter einer Lawine von Heiraten, Tragödien, Schlägereien usw. begraben. Deshalb wird eine solche Beziehung zum «liebsten» Schwesterchen damit bereinigt, daß der «Mitjek» sie zum «Brüderchen» erklärt.

Die Sünden eines «Mitjek»: er hat die Wäsche nicht in die Wäscherei gebracht, er hat zwei Rubel vertrunken, kam spät nach Hause. Alle beschimpfen ihn, und als erster beschimpft er sich selbst. Die Bewegung der Mitki entwickelt und vertieft diesen Typus des «sympathischen Taugenichts», der laut Schinkarew vielleicht der bezauberndste nationale Typus ist – wenn man vom Heiligen absieht.

Charakteristisch für den Sprachgebrauch der «Mitki» sind Zitate aus sowjetischen Fernsehserien, die Anrede «Brüderchen» bzw. «Schwesterchen» und die Vorliebe für Verkleinerungsformen. Durch sprachliche Neubildungen und Bedeutungserweiterungen entsteht so ein eigener Slang.

Am häufigsten taucht das «dyk, jely-paly» auf. «Dyk» ist rein lautmalerisch. Es ersetzt praktisch alle Wörter und Ausdrücke, dient aber vor allem zur Bezeichnung eines Vorwurfs. «Jeli-paly» oder «nu jely-paly» drückt eine Kränkung aus, oder Bedauern, Angst, Begeisterung, Entschuldigung. Direkt übersetzt heißt es «Tannenstöcke», ein annäherndes Äquivalent im Deutschen wäre «Scheibenkleister».

Typisch ist die mehrfache Wiederholung und der Gebrauch beider Wörter:

– Dyk!
– Nu jely-paly...
– Dyk!
– Nu jely-paly...

Solch ein Gespräch kann vieles bedeuten. Öfter aber drückt es nichts aus, sondern ist einfach ein Ausfüllen der Zeit und eine Selbstbestätigung der «Mitki».

In der Kunst ist das am meisten favorisierte Bild *Der Sturz des Ikarus* von Pieter Breughel dem Älteren. Dmitrij Schagin hat es mit einem Gedicht beschrieben:

Der arme Ikaruschka
Bei dem armen Ikaruschka
Ragen nur die bleichen Beinchen
Aus dem kalten grünen Wasser.

Dies ist das am häufigsten zitierte «mitkische» Werk. So folgt auf die Frage «Wie geht's?» die typische Antwort «Nur die Beinchen ragen raus».

Die «Mitki» lieben Lieder, wobei der musikalische Teil kaum eine Rolle spielt. Die wichtigste Komponente ist die Möglichkeit zum Mitsingen. Die einprägsamen Lieder, die Rock-Gruppen *Kino* und *Aquarium* sind daher am beliebtesten. In der Literatur werden Michail M. Soschtenko, vor allem seine *Erzählungen über Lenin*, Nikolaj Leskow, dann aber auch Weinetiketten und ähnliches verehrt.

Schinkarews Texte gelten als Manifest der «Mitki». Sie werden mit mehreren Durchschlägen immer wieder abgetippt. Boris Grebenschtschikow, der Sänger von *Aquarium*, hat sogar ein Lied für die «Mitki»-Bewegung geschrieben: «Guten Tag, Schwester!» Manche begeisterten «Mitki»-Anhänger treffen sich feierlich in Matrosenhemden und singen dieses Lied.

Im «Palast der Jugend» wurde im Mai 1988 der erste «Mitki»-Film gezeigt: «Die Stadt» von Aleksandr Burcev. Das Drehbuch hat Victor Tichomirow, Mitglied der «Gruppe Mitki», geschrieben, die typisch mitkischen Dialoge stammen von Vladimir Schinkarew. Der Film handelt von einem Künstler aus der Provinz, der nach Leningrad kommt. Es geht um den Existenzkampf und das Scheitern in der Großstadt.

Die Bewegung hat viele Sympathisanten unter den jungen Leuten, für die das «Mitjek»-Sein einfach eine bestimmte Lebenshaltung bedeutet. «Mitjek» kann jeder sein. Man ist es seiner Natur nach, in der Seele.

Oder man ist es nicht. Entschiedene Gegner der «Mitki» sind vor allem die ganz normalen Bürger, die einer geregelten Arbeit nachgehen und sich ein wenig Luxus gönnen wollen. Sie zweifeln an der Aufrichtigkeit der «mitkischen» Schlichtheit und haben kein Verständnis für das ziellose «In-den-Tag-Leben» der «Mitki».

Die Bewegung der «Mitki» ist auf die Künstler-Gruppe und auf Leningrad konzentriert. Mittlerweile hat sie an Bedeutung abgenommen. Die Begeisterung läßt nach, da es keine Weiterentwicklung gibt. Vladimir Schinkarew hat keine neuen «Mitki»-Texte geschrieben. Der Bewegung scheint es nicht anders zu ergehen als der Kunst der «Gruppe Mitki»: das Hauptinteresse kommt inzwischen aus dem Westen.

Vom Rock-Untergrund zur Jugendkultur

– Ein Gespräch –[1]

F.: Kannst du zunächst die Entwicklung der Rock-Szene in groben Zügen skizzieren?

V.: Die ersten Formen von einer Jugendkultur in Abgrenzung von den «Alten» kamen in den 60er Jahren auf, als die Gesellschaft zum erstenmal so etwas wie Wohlstand erlebte; nicht wirklich Wohlstand, wie ihr ihn kennt, aber ein etwas leichteres Leben nach den hungrigen Kriegs- und Nachkriegsjahren, die sehr hart gewesen waren. In den 60er Jahren also tauchten die «stilagi» auf – das Wort leitet sich ab von «Stil» (im Russischen ebenfalls «stil»). Sie kopierten so ein bißchen die Teddy-boys im Westen, tanzten Rock'n'Roll und Twist. Sie trugen enge Hosen und längere Haare. Die Drushinniki (= freiwillige ehrenamtliche Helfer der Miliz) machten sich auf die Jagd nach diesen Stilagi und schnitten ihnen entweder die Haare ab oder schlitzten ihnen die Seitennähte der engen Hosen auf. Von offizieller Seite gab es eine große Anti-Stilagi-Kampagne. Sie wurden als «Staatsfeinde» verleumdet, und Jazz und andere westliche Musik galt als bürgerlich und degeneriert, nach dem Motto, wer heute Saxophon spielt, verkauft morgen das Vaterland. Das waren die ersten Anzeichen einer Jugendkultur, natürlich erst mal beschränkt auf die großen Städte Rußlands und der westlichen Republiken.

Ein bißchen später, Mitte bis Ende der 60er Jahre, breitete sich bei uns die westliche Rockmusik rasch aus, immer mehr Leute waren begeistert von den Beatles, den Rolling Stones usw. Aus solchen Anfängen entwickelten sich die ersten Ansätze einer «Gegenkultur». Ende der 60er entstanden dann die ersten Rockgruppen in unserm Land. Am Anfang spielten sie die Musik aus dem Westen und sangen nur auf englisch, aber schon bald tauchten welche auf, die ihre eigenen russischen Texte schrieben. Die meisten der Gruppen, die damals populär

1 Interviewt wurde Vladimir Oboronko, der als Soziologe über das Jugendmilieu und die informelle Bewegung arbeitet. Zugleich ist er selbst Rockfan und kennt seit vielen Jahren die Szene durch eigene Anschauung.

waren, kennt heute niemand mehr. Nur *Machina Vremeni* (Die Zeitmaschine) ist noch aus den 70er Jahren geblieben. Aber ihre Musik ist nicht mehr so interessant wie vor zehn, fünfzehn Jahren... Jedenfalls existierte seitdem eine Gegenkultur. Bei uns konnte damals keine politische oder soziale Gegenkultur entstehen, denn der politische Druck war sehr stark. Das war die Zeit der Strafverfolgung von Dissidenten. In der Dissidentenbewegung waren immer nur wenige aktiv, wegen des ungeheuren persönlichen Risikos. Rock war dagegen vielleicht auf seine Art Ausdruck einer ideologischen Opposition, aber er war doch im ganzen eher unpolitisch, und genau aus dem Grund wuchs die Anhängerschaft unter den jungen Leuten. Natürlich gab es jede Menge Hetze in der Presse gegen Rockmusik, und ich weiß auch von einigen Fällen, wo junge Männer zu drei oder vier Jahren Knast oder Arbeitslager verdonnert worden sind. Offiziell lautete die Anklage auf Wirtschaftsvergehen, weil sie schwarz Schallplatten oder Kassetten mit Gewinn verkauft hatten. Aber in Wahrheit ging es nicht darum, sondern um etwas Ideologisches.

1977/78 begann eine neue Welle in der sowjetischen Untergrund-Rockmusik. Vor allem in Leningrad gab es eine große Rock-Szene mit Gruppen wie *Aquarium, Alisa, Zoopark*. Diese Szene trug viele Kennzeichen einer echten Sub- und Gegenkultur. Nur als Rockmusiker oder als Fan war man damals als Jugendlicher in der Lage, sich gegen den Muff der offiziellen Gesellschaft zu stellen. Rock war eine starke soziale Bewegung, eine soziale Alternative zu der allgegenwärtigen Verlogenheit der Breschnewgesellschaft um uns herum. Die Szene stach dagegen ab durch ihre Integrität. Natürlich gab es Beatniks und Hippies und es wurde Gras geraucht...

Kurzum, durch die ganzen 70er Jahre und die ersten 80er bis hin zu 1985 und Gorbatschows «Revolution» war das die einzige Möglichkeit für junge Leute, um für sich positive Werte zu entdecken.

F.: Wie konnte sich die Gegenkultur entfalten, und wo fand sie statt?

V.: Die Leute versammelten sich um die Rockmusiker in irgendeinem Keller. Mitunter konnten Konzerte halblegal am Stadtrand in irgendeinem kleinen Klub stattfinden. Rockfans erfuhren nur durch Flüsterpropaganda davon. Oft kam die Polizei und dann war alles vorbei.

Ende der 70er Jahre fand eine tiefgreifende technische Umwälzung statt, es gelang irgendwie, einige private Aufnahmestudios einzurichten. Daraus entstand ein Kassettenboom und letztlich ein effizientes

Verteilungssystem. Wenn an einem Tag die «Kassetten-LP», wie wir das nannten, sagen wir, von *Aquarium* in Leningrad herauskam, hatten wir sie schon zwei Tage später auch in Wladiwostok. Dahinter stand also ein ziemlich starkes Netzwerk von Produzenten und Verteilern. Einige Leute machten damit ein gutes Geschäft, denn die Nachfrage nach dieser Musik konnte gar nicht gedeckt werden.

F.: War es für junge Leute möglich, als drop-outs in eigenen Zusammenhängen, möglichst weit von der Gesellschaft getrennt zu leben?

V.: Das konnten eigentlich nur die Musiker. Sie schlossen sich zusammen und arbeiteten als Nachtwächter oder in ähnlichen Jobs, um möglichst den ganzen Tag zusammen spielen zu können. Andere junge Leute, die sich zur Szene rechneten, lebten in einer doppelten Identität – oder einer Art inneren Emigration. Von deiner Szene-Identität wußte niemand. Aber die geheime Zugehörigkeit, oft – vor allem bei uns in der Provinz (Wladiwostok), nur besiegelt über die Kassetten und kleinen Freundeskreise von Kassettenfans – gab dir trotzdem das Gefühl einer gemeinsamen Identität. Es half unheimlich, um überhaupt zu überleben und weiterzumachen. Ich z. B. war, rein äußerlich betrachtet, erfolgreich als Student und dann als junger Wissenschaftler. Aber in meiner Seele war ich bei diesen Leuten.

Diese Situation änderte sich 1985 einschneidend, wenn auch vorhersehbar. Vor Glasnost gab es, wie gesagt, offizielle Angriffe und Pressionen gegen die Szene. Aber das hatte nur immer wieder dazu geführt, daß die Gegenkultur stärker und geschickter aus diesen Auseinandersetzungen hervorging. Aber mit Glasnost konnten die Gruppen plötzlich offiziell auftreten, sie wurden anerkannt und verdienten mit ihrer Musik Geld. Damit schwand die Atmosphäre der Gegenkultur und das Lebensgefühl, was sie für uns gebracht hatte, das Gefühl, zusammen gegen den Staat, gegen die Behörden, gegen Bürokratismus zu stehen. Es ist nicht nur das Geld, die Marktbeziehungen, die nun die Szene aufmischen, auch der Feind, gegen den Musiker und Fans zusammenstanden, verschwand mit einemmal.

F.: Das hört sich an, als würdest du diese Entwicklung bedauern?

V.: Ja, sehr. Ich verstehe gut, daß das einfach der Zug der Zeit ist, daß es richtig ist, wenn das so passiert ist. Aber ich sehne mich nach den Jahren, die in diesem spirituellen Untergrund verbracht wurden. Jetzt ist die ganze Szene zerfallen in viele einander fremd werdende Fragmente. Die Musiker streben nach Erfolg und Geld... Es gibt noch einige wenige Reste des alten Untergrunds in Leningrad, Moskau und einigen Orten in Sibirien, aber im ganzen existiert dieses Phänomen nicht mehr.

Rockmusik fängt an, ein gewaltiger Markt zu werden. Die Nachfrage ist riesig, und ihr kann bisher kaum entsprochen werden. Insgesamt sinkt damit der Standard der Musik – einfach, weil schnell produziert wird und weil das Publikum sich geändert hat, oder besser, das Verhältnis zwischen Publikum und Musikern. Im Untergrund entstand die Musik aus einer Art Zusammenspiel von Musikern und Fans. Die Fans waren selbst durchaus Experten, Kenner. Heute ist das Publikum viel breiter geworden und damit weniger wählerisch. Die Strukturen gleichen sich denen im Westen an, und so wie in anderen Bereichen suchen auch Rockmusiker und Produzenten inzwischen nach Zugängen zum westlichen Markt. Und umgekehrt wächst im Westen das Interesse an sowjetischen Rockgruppen. So erfreulich es wäre, daß die verschiedenen Rock-Kulturen in Austausch und Zusammenarbeit eintreten, fürchte ich doch, daß die negativen Aspekte überwiegen. Unsere Musik wird über ökonomische Zwänge dem westlichen Markt angepaßt. Nur die Gruppen, die im Westen ankommen, werden entsprechend von den Produzenten, die sich jetzt bei uns eine starke Stellung aufbauen können, z. B. Stas Namin in Moskau, lanciert.

F.: Gibt es denn nicht zwischen dem Untergrund und heute eine Kontinuität auf anderer Ebene, z. B. in den Klubs der informellen Bewegung?

V.: Ich glaube nicht, daß man das in so einer Gradlinigkeit konstruieren kann. Das Klima der Gegenkultur lebt in vielen Hinsichten weiter in unserem Alltag und auch in der politischen Bewegung, aber es gibt z. B. nicht so sehr einen Übergang von der Rock-Szene in die Klubs.

F.: Wie drückt sich die Jugend denn heutzutage aus?

V.: Vielleicht kommt es dir seltsam vor so wie wenn ein alter Mann zornige Dinge über die Jugend von heute sagt, aber ich glaube, ich kenne die Situation besser als ein durchschnittlicher alter Mann. Ich bin mir sicher, daß die heutige Jugend sich eigentlich um nichts mehr kümmert. Das war zu meiner Zeit anders. Innerlich waren wir gegen die Alten, aber wir mußten uns äußerlich mit ihnen arrangieren. Wir fühlten uns zwar innerlich frei, aber wir mußten doch immer auf die Eltern oder den Komsomol oder irgendwen achten, die einfach da waren und uns unter Druck setzen konnten. Heutzutage geben die Jugendlichen keinen Pfifferling mehr auf die Eltern oder gar den Komsomol. Ein Teil ist, wie auch zu meiner Zeit, in erster Linie an der Karriere interessiert. Aber dieser Teil ist heute viel stärker. Die sozialen Kriterien haben sich geändert: Als ich jung war, mußte man, um anerkannt zu sein, in Opposition stehen zum Establishment, heute muß man dagegen Erfolg in der Gesellschaft haben. Die Hauptrichtung des Wandels ist so: Wir bildeten eine eng verbundene Jugendkultur, und die fällt jetzt auseinander. Statt dessen entstand eine scharfe Polarisierung: Auf er einen Seite extreme Hippies und extreme Punks, die nun tatsächlich zu drop-outs der Gesellschaft wurden, weil sich der soziale Raum für dergleichen geöffnet hat, auf der anderen Seite des Spektrums hast du skin-heads wie die Ljuberzy. Das heißt, was wir heute erleben, ist die Bildung von Jugend als einer sozialen Kategorie, die sich von der Elterngeneration unterscheidet und eine differenzierte, widersprüchliche Kultur mit einer Vielfalt von Lebensstilen bildet.

Ein lila Hauch in der Perestroika?

Ich werde arbeiten und Geld sparen,
Hosen bügeln und das Rauchen aufgeben.
Ich werde gut, sehr gut.
Arbeite auch du und spare Geld
Schmink die Lippen nicht, und rauche nicht,
werde gut, sehr gut.
Wir heiraten bald, kaufen eine Wohnung.
Ich klebe Kacheln an die Wände.
Ich werde gut, sehr gut.
Du wirst für mich waschen und die Hemden bügeln...

Svuki Mu, *Ich werde gut*

Wenn nach dem bekannten Satz, den Marx und Lenin von Fourier übernahmen, die Lage der Frau der Seismograph für die Freiheit in einer Gesellschaft ist, dann ist es damit auch in der Perestroika-Sowjetunion nicht weit her. Über die Medien kommen eher beunruhigende Nachrichten: der «Fortschritt» reduziert sich auf die für die normale Frau unerschwinglichen Burda-Moden auf russisch. Weiblichkeit wird entdeckt und propagiert in einer «Schönheitskonkurrenz» nach der anderen. Man klagt über sinkende Geburtenraten im europäischen Teil der UdSSR, und die ersten Stimmen machen dafür den Grad der Emanzipation, nämlich die Erwerbstätigkeit der Frauen verantwortlich. Elektronisches Equipment und durchlässigere Grenzen erschließen allmählich den sowjetischen Markt für Pornographie.

UdSSR 2000 nichts als ein modernes Patriarchat westlichen Musters? Und was sagen Frauen selbst dazu? Ist eine Frauenbewegung vorhanden als Teil der «Perestroika von unten»?

In der informellen Bewegung ist Feminismus allenfalls in Ansätzen auszumachen. In Leningrad, wo schon Ende der 70er Jahre der erste Frauenalmanach für eine kurze Zeit erschien (bevor die ihn herausgebende feministische Gruppe durch Repression aufgerieben wurde), gibt heute Olga Lipowskaja die Samizdatzeitschrift *Shenskoe tschtenie* (etwa: Lesestoff für Frauen) heraus. Sie ist eine der wenigen, die von patriarchalen Verhältnissen sprechen und damit ein umfassendes System von Geschlechterungleichheit meinen. Auch Tabuthemen wie Sexualität greift sie auf, brandmarkt kühn, daß in ihrer Gesellschaft sich «sexuelles Analphabetentum» breitgemacht habe und gesteht ein, selbst noch rot zu werden, wenn sie für das Recht der Frau auf Lust eintritt. Besonders interessant ist ihre Sicht des Stalinismus als eine extrem auf eine Vaterfigur zugeschnittene autoritäre Gesellschaft.

Eine Gruppe feministischer Wissenschaftlerinnen um die Philosophin Olga Woronina, die mit zu den radikalsten Frauenforscherinnen in der UdSSR gehört, gründete einen Verband zur Befreiung der Gesellschaft von Stereotypen, insbesondere weiblichen (LOTOS). Woronina mischt sich schon seit längerem in die neu entfachte Debatte ein, was denn der richtige weitere Weg für die Sowjetfrau sein sollte. Darin werden im wesentlichen zwei Positionen eingenommen. Die Mehrheit der professionellen Frauenpolitikerinnen und -forscherinnen werten den hohen Anteil der Frauen an der Erwerbstätigkeit als Errungenschaft, die in keinem Fall zur Disposition gestellt werden darf. Ihre Vorschläge laufen darauf hinaus, bestehende Diskriminierungen bei der Lohnzahlung, in der beruflichen Qualifikation, durch die Überlastung der Frauen mit Hausarbeit zu thematisieren und zu beseitigen. Sie suchen nach Lösungen, durch die Frauen Beruf, durchaus auch verstanden als Karriere, und Familie vereinbaren können.

Ein Teil der Reformer dagegen liebäugelt mit der auch hierzulande verbreiteten Ansicht, gleich zwei Fliegen mit einer Klappe zu schlagen, nämlich Frauen die Rückkehr in die Familie schmackhaft zu machen, um damit zukünftig durch Rationalisierung drohende Arbeitslosigkeit aufzufangen. Doch sind solche Überlegungen nicht allein in eher technokratischen Kreisen anzutreffen. Viele Frauen, vor allem jüngere, rebellieren grundsätzlich gegen die Fortsetzung des bisherigen Wegs der Emanzipation durch Doppelbelastung. Sie glauben nicht daran, daß kurzfristig Besserungen in den Alltagsbedingungen eintreten werden, die die Doppelstrategie wirklich für sie lebbar machen könnten. Nach Umfragen würden etwa 20% lieber «zu Hause» bleiben und sich nur der einen Aufgabe widmen. Sich durch Leistung immer wieder zu beweisen, den Alltag unter ständig wachsenden

Schwierigkeiten zu meistern *und* auch noch die neuen Möglichkeiten zum gesellschaftlichen Engagement zu nutzen, erscheint eine geradezu erdrückende Last.

Die Härte des Alltags unter der derzeitig sich verschärfenden ökonomischen Krise in der UdSSR, die sich in erster Linie als gigantischer Versorgungsmangel bemerkbar macht, verlangt unter nahezu ungebrochenen patriarchalen Verhältnissen Frauen stetige private Mehrarbeit ab. Sowjetische Frauen sind deswegen unendlich erschöpft. Das ist einer der Gründe, warum sich ihr Engagement für die Perestroika oder gar in der informellen Bewegung in Grenzen hält.

Woronina argumentiert in dieser Kontroverse für die Erwerbsarbeit der Frau. Wenn aber die Vertreterinnen dieser Position, etwa in den Publikationen des sowjetischen Frauenkomitees, Erleichterungen vor allem durch bessere (Haushalts-)Technologie und einen Ausbau des Dienstleistungssektors erwarten, thematisiert Woronina darüber hinaus den Kern patriarchaler Arbeitsteilung: die Alleinzuständigkeit der Frauen für die Arbeit im Haus und in der Familie. Anders als viele westliche Feministinnen verspricht sie sich aber nicht allzu viel von der Aufteilung der Hausarbeit mit den jeweiligen zum Haushalt gehörigen Männern, sondern sie argumentiert für die alte sozialistische Auffassung, die private Reproduktionsarbeit selbst soweit wie möglich zur «öffentlichen Industrie» zu machen.

Mit «LOTOS» gehen sie und ihre Gruppe noch einen erheblichen Schritt weiter zum allgemeinen «consciousness-raising». In einem Interview mit der *Moskowskie Nowosti* zielt sie auf einige Herzstücke der offiziellen Politik und deckt damit deren Unzulänglichkeit auf. So sagt sie, daß die Rede von den «zwei Funktionen der Frau, als Arbeiterin und als Mutter» selbst schon eine Stereotypisierung enthält, denn das «Wort Funktion beschwört eher das Bild eines Allzweckroboters herauf als das von einem menschlichen Wesen». Ebenso verweist sie darauf, daß durch Definition Sachverhalte als Frauenprobleme beschrieben werden, die allgemeine Probleme sind. Durch solche Sprachregelungen werden sie in die private Verantwortung von Frauen abgeschoben. Das sei z. B. der Fall, wenn Warenknappheit zur bloßen Frauenfrage gemacht würde.

Im wesentlichen sieht Woronina auch bei den Reformern noch keinen Bruch mit dem allgemeinen Bewußtsein, das «Frauen weder intellektuell noch spirituell» als gleichrangig mit Männern ansieht. Dabei will sie keiner Anpassung von Frauen an den männlichen Standard das Wort reden, wie sie ehrgeizigen Frauen dann abverlangt wird, wenn lediglich Förderpläne entworfen werden, über die Frauen leichter in Spitzenpositionen gelangen könnten. Ihr geht es vielmehr darum, die zugrundeliegende Stereotype der Macht, das, was Menschen unter Macht verstehen, zu ändern. Macht sei in der populären Imagination verbunden mit der Figur «eines russischen männlichen Parteimitglieds mittleren Alters». Bis dieses Bild nicht durch «etwas Demokratischeres» ersetzt wird, können ihrer Meinung nach weder die Probleme von Frauen noch sonst irgendwelche grundlegend gelöst werden.

Realexistierende Frauenbewegung

Neben einzelnen brillanten feministischen Denkerinnen existiert die offizielle Frauenbewegung in Gestalt des Komitees der Sowjetfrauen, traditionell eine der als Transmissionsriemen der Partei konzipierte gesellschaftliche Organisation. Aus der Einsicht, daß die Perestroika ohne aktive Beteiligung von Frauen nicht verwirklicht werden könnte, gab der 27. Parteitag der KPdSU die Devise aus, daß die «Frauenmassenbewegung» wie sie «nach der Oktoberrevolution bestanden hat» wieder belebt werden sollte. Entsprechend erhielten 1987 die Frauenräte ein neues Statut mit erheblich erweiterten Kompetenzen. Frauen können danach überall, wo sie es für richtig halten, in Betrieben oder Wohnvierteln Frauenräte (Sowjety shenschtschin) bilden. Diese Chance wird auch durchaus genutzt. Im Zeitraum eines Jahres entstanden über 240.000 Räte. Aber sie tragen zwiespältige Geburtsmale.

Genau wie Perestroika insgesamt, wurden sie von oben geschaffen, aus der Hülle und unter der Führung des Komitees der Sowjetfrauen. Unter den heutigen Bedingungen bieten die Frauenräte zwar einen gewissen Raum, um Interessen zu definieren und zu vertreten, allerdings schreibt das «Gesetz über die Frauenräte» ihnen eine sehr doppeldeutige Funktion zu. So erhalten sie zwar Mitwirkungs- und Vetorechte bei der Frauenförderung, in der Gesetzgebung, der Tarifpolitik usw., aber sie werden auf der anderen Seite nach der Logik «Frauen, Familie und Soziales» ist eh alles Frauenkram als Hilfsfeuerwehr eingespannt. So werden sie dafür verantwortlich gemacht, «die Familie zu stärken», ganz konkret: brüchige Ehen zu kitten. Vollends verfällt der Gesetzestext in den Spießer-Stil überwunden geglaubter stalinistischer Zeiten, wenn die Frauenräte «gegen Erscheinungen fremder Ideologie und Moral» kämpfen sollen, «gegen Gleichgültigkeit, Alkoholismus... und andere negative Erscheinungen» etc.

Ob die Frauenräte eher den politischen Einfluß von Frauen vermehren oder die Reformmänner von der «Hausarbeit» befreien, kann heute noch nicht beurteilt werden. Die Vorstellung, Fraueninteressen – ohne weitere Beimischungen wie Kinder, Familie etc. – zum Ausgangspunkt autonomer Aktivitäten zu machen, ist jedenfalls bis auf wenige Ausnahmen den meisten sowjetischen Frauen recht fremd.

Emanzipation im Sinne von allein, jedenfalls ohne Mann, leben ist wie bei uns weitverbreitete Praxis. Denn immer mehr Frauen fragen, wie es eine in der Zeitschrift *Sowjetunion* tat: «Lohnt es sich, diese Bürde, den Mann, von dem wenig Freude, wenig Hilfe, und ehrlich gesagt, auch wenig Geld kommt, weiter zu schleppen?» Aber diese Emanzipation gilt in der Regel als Notlösung, getreu der Losung «beim nächsten Mann wird alles anders» – und nicht als Ausgangspunkt anderer Lebensentwürfe.

Das Geschlechterverhältnis in der UdSSR steht in einem Umbruch. Noch wirkt heute weitgehend als normbildendes Unterfutter ein Patriarchat älteren Typs mit dem Ideal des vom «Stahl gehärteten» Geschlechterpaares. Da steht vor uns die sowjetische Version des Macho, der heroische Arbeiter, dem allemal die Schwäche nachgesehen wurde, daß er sich in seiner Freizeit im Wodkadunst aller Verantwortlichkeiten entledigte. Untrennbar davon die «Heldin-Mutter», das «Mütterchen Rußland» in jeder Frau – den Stereotyp bildete natürlich die herrschende Nation. Wird diese bisherige Gleichstellungsideologie zum Sprungbrett für Emanzipation oder setzt sich eine Polarität durch, wie es die «zornigen jungen Frauen» wollen, die heute eher auf die Rolle zu Hause setzen? Wird Weiblichkeit eher modernisierte Mütterlichkeit oder verfängt sie sich in vermeintlich fortschrittlichen Klischees marktwirtschaftlich/pornographischer Schönheit?

Viel hängt ab vom Erfolg der Perestroika im Alltagsleben der Frauen, ob sie Schlangestehen müssen oder Zeit für sich haben. Auch der internationale Austausch innerhalb der Frauenbewegung, der noch kaum begonnen hat, wird eine Rolle spielen, wobei die Unterschiede in den Ausgangslagen dort wie hier begriffen werden müssen. Die Sehnsucht nach der «funktionierenden» Partnerschaft ist ja auch eine Reaktion auf eine Gesellschaft, die private, intime Bedürfnisse bisher kaum zugelassen hat.

Die Guten und die Bösen: die Kooperativen

... Aber morgens auf dem Weg zum Kiosk möchten wir zusammen das, was es nicht gibt,
Die frische Farbe der Zeitungen lehrt uns zu warten – Unionspresse
Wir müssen auf dem Laufenden sein – wir machen Geld, Falschgeld ...

Svuki Mu: *Unionspresse*

Den einen Inbegriff neugewonnener Freiheit, den anderen der konzentrierte Ausdruck allen Übels – die Meinungen über die seit ungefähr einem Jahr gesetzlich zugelassenen sowjetischen Privatbetriebe sind – hier und dort – stark polarisiert. Das Perestroika-Avantgardeblatt *Moskowskie Nowosti* lobt den kommerziellen Ehrgeiz der Self-made-Männer und -Frauen als vorbildlich für die gesamte Ökonomie. Aber das Gros der Bevölkerung murrt gegen die in ihren Augen unmoralische Bereicherung der Kooperativenmitglieder. Nicht zuletzt, weil die attraktiveren Waren und Dienstleistungen des Privatsektors für Mann und Frau auf der Straße unerschwingliche Fata Morganen bleiben. Linke in Ost und West registrieren mit politischen Bauchschmerzen die muntere Entwicklung eines «kapitalistischen» Sektors mit weitgehend ungesicherten Arbeitsverhältnissen und Rändern, die nicht selten ins Schiebermilieu hineinreichen. Aber es gibt Kooperativen und Kooperativen. Neben denjenigen, die ausschließlich am schnellen Profit interessiert sind, existiert eine Minderheit von «alternativen» Kooperativen, die mit den sozialen und politischen Bewegungen verbunden sind. Dabei bedeutet «alternativ» in der aktuellen sowjetischen Realität nicht dasselbe wie im Westen.

Im Juni 1988 erlaubte die Sowjetregierung per Gesetz genossenschaftlich organisierte Privatbetriebe. Kooperativen gab es vorher schon in einigen Bereichen, vor allem im Gaststättengewerbe. Die Legalisierung, die zugleich die Spielräume der Genossenschaften beträchtlich erweiterte, führte zu ihrem raschen Aufschwung. Heute gibt es nach offiziellen Angaben an die 120.000 Kooperativen in unterschiedlichsten Bereichen; mehr als eine Million Menschen wurden inzwischen Mitglieder in Kooperativen; im genossenschaftlichen Sektor werden bereits 1% des nationalen Einkommens erwirtschaftet.

Kooperativen sind selbstverwaltete Genossenschaften. Entscheidungen trifft die Mitgliederversammlung oder – bei großen Kooperativen mit mehreren Projekten – der gewählte Rat, der die gemeinsamen Interessen wahrnimmt. Nach dem Kooperativengesetz ist es auch möglich, daß nur drei Leute eine Kooperative bilden, dann aber einhundert Angestellte beschäftigen oder Arbeit auf Kontrakt an Heimarbeiter oder Zeitarbeiter ausgeben. Die Selbstverwaltung bleibt dann den drei Mitgliedern vorbehalten, und die Angestellten sind nicht nur davon ausgeschlossen, sondern sie haben auch ansonsten nur wenige einklagbare Rechte gegenüber der Kooperative.

Weil in den Genossenschaften erheblich mehr verdient werden kann, wandern viele Arbeitskräfte aus dem Staatssektor ab. In einer kleinen Branche wie dem Fotoservice gilt das bereits für 70% der Beschäftigten. Das ist nicht der einzige Spannungspunkt zwischen kooperativem und Staatssektor. Tatsächlich muß das Verhältnis zwischen beiden als eines der Hauptprobleme in der heutigen Sowjetwirtschaft angesehen werden. Im Grunde erhielten die Kooperativen größere Spielräume, z. B. beim Handel mit dem Ausland, als sie die Staatsbetriebe haben. Für die letzteren ist es daher von Vorteil, sich mit einer Kooperative zusammenzutun oder gar einen Teil des Betriebes in eine Kooperative umzuwandeln. Andererseits haben die Kooperativen größere Schwierigkeiten, an bestimmte Rohmaterialien zu kommen oder mit ihnen zu handeln. Vollends kompliziert wird die Lage dadurch, daß nicht nur zwei wirtschaftliche Sektoren koexistieren, ohne nach gemeinsamen Mechanismen zu funktionieren, sondern daß sich zudem gegensätzliche Interessen und Politikansätze miteinander streiten. Das führt dann u. a. zu unausgegorenen Gesetzen wie dem über die Staatsbetriebe vom 1. 1. 1988 und einem Gewirr einander blockierender Bestimmungen und Praxen.

Kooperativen, aber auch die cleveren Manager in den Staatsbetrieben werden zu Meistern, um profitable Kanäle durch dieses Gewirr zu bahnen. Heute ist es möglich, durch bloßes Ausnutzen der unterschiedlichen Wirtschaftsmechanismen reich zu werden – etwa durch Spekulation mit Computern. Den Staatsbetrieben ist es bis heute nicht erlaubt, Computer direkt zu kaufen. Die Kooperativen hingegen unterliegen solchen Einschränkungen nicht. Die Staatsbetriebe wiederum können aber die Computer von den Kooperativen kaufen – zum zwei- bis dreifachen Preis. Andererseits verkündete der Ministerrat der UdSSR im letzten Dezember plötzlich, daß Kooperativen nicht mehr im Bereich der Medizin tätig sein durften. Vorher hatte es keinerlei Regelungen gegeben. Es war zum Beispiel möglich, einen privaten medizinischen Dienst einzurichten, ohne dafür irgendeine Lizenz zu haben. Nach dem Dezember umgingen die Kooperativen dann das Problem durch Zusammenarbeit mit staatlichen Polikliniken. Und es wurden neue Felder aufgetan, um mit zwielichtigen Methoden an schnelles Geld zu kommen. Zum Beispiel: Kliniken, in denen Untersuchungen vorgenommen werden, für die es Wartelisten von etlichen Jahren gibt, organisieren einen Teil ihrer Arbeit als privaten Sektor und bieten die gleiche Leistung für 150 Rubel außerhalb der Warteliste an. Das ist illegal, zeigt aber die Bahn, auf der sich, oft noch gerade am Rande des Zulässigen, die gemeinsame Korruption von staatlichem und privatem Sektor bewegen kann. Der Boden, auf dem derlei wucherische Geschäfte bestens gedeihen, ist, neben der Ungleichheit der Wirtschaftssektoren, vor allem der allgemeine Mangel.

So stellt sich den Kooperativen ein Riesenproblem, wenn sie Geschäftsräume brauchen. Die Vergabe liegt in der Verantwortung der kommunalen Sowjets. Die Knappheit an Räumen führt bei den Behörden zur Spekulation damit. Zwar ist die Miete solcher Objekte sehr niedrig, aber ohne Bestechung in Form größerer Spenden für irgendwelche städtischen Vorhaben ist eine Zuteilung nicht zu erwarten.

Die Lösung kann nur darin bestehen, die Bedingungen für Staatsbetriebe und Genossenschaften anzugleichen: Aber eine derartige «große Lösung» ist bisher nicht absehbar. Aus diesem Grunde überwiegen derzeit die negativen Erscheinungsformen. Neben der korrupten Kumpanei mit dem Staatssektor bieten einige Kooperativen – namentlich im Gaststättengewerbe – ihre Dienste nur noch gegen Devisen an bzw. gegen Kreditkarten, nachdem die Geschäfte auf Devisenbasis verboten wurden. Vor allem aber wächst die Mafia. In den ersten drei Monaten des Jahres 1989 wurden allein in Moskau sechzig Gruppen ausgehoben, die Schutzgelder kassierten oder völlig in der Illegalität operierten.

Zudem wird eine scharfe soziale Differenzierung sichtbar: Auf der

*Die Bücher kosten nur noch
ein Fünftel ihres früheren Preises . . .*

einen Seite fallen die ersten «Kooperativenmillionäre» auf, andererseits erfährt die Öffentlichkeit, was in den «Jahren der Stagnation» verborgen blieb, die Existenz einer wirklich bitteren Armut im Heimatland der Werktätigen.

Eine minderheitliche Strömung, zu der u. a. die «Assoziation sozialer Programme» gehört, sieht es deswegen als notwendig an, die Kooperativenbewegung mit einer eigenen Sozialpolitik zu verbinden. Die soziale Verantwortung der Kooperativenbewegung sollte sich darauf richten, bei den Problemen der ärmsten und benachteiligtsten Schichten Abhilfe zu schaffen und zum anderen Modelle von Sozialpolitik, Selbstverwalten und einem Wirtschaften, das weder den Plan noch den Profit, sondern die Bedürfnisse der Menschen selbst zum Ausgangspunkt nimmt, zu entwickeln und zu erproben. In diesem Sinne sind diese Kooperativen «alternativ» zu den rein profitorientierten. Alle Kooperativen, die ein derartiges politisches Engagement entwickeln, bezeichnet der offizielle Sprachgebrauch als «ideologische Kooperativen». Von ihnen soll es 3000 geben – also nur ein Tropfen im Ozean der Kooperativenbewegung.

In der «Assoziation sozialer Programme» schlossen sich im März dieses Jahres acht Kooperativen aus verschiedenen Gegenden der Sowjetunion zusammen, die mit weiteren dreißig Genossenschaften und Assoziationen, auch staatlichen, in Verbindung stehen.

Nach den Erfahrungen der ersten drei Monate mit dieser Assoziation nennt ihr Vorsitzender, Pelman, die wichtigsten Probleme, die die sozialen Kooperativen heute zu bewältigen haben:

«Noch steckt das gesamte System von Information und Kommunikation in unserem Land und besonders zwischen den sozialen Kooperativen in den Kinderschuhen.

Wenn wir soziale Initiativen unterstützen und in Gang setzen wollen, brauchen wir Geld. Das können wir nur von den reichen Kooperativen bekommen. Dazu müssen regelrechte Kampagnen organisiert werden. In der Sowjetunion sind 7–12% der Gesamtbevölkerung sozial ungeschützte Alte oder Behinderte. Da ist massive Hilfe notwendig. Diese Probleme wurden bisher totgeschwiegen – und sie blieben ungelöst. Wir versuchen jetzt mit der Assoziation ein erstes Informationsbüro einzurichten, nicht nur, um die Lage dieser Leute aufzeigen zu können, sondern um sie selbst in soziale Strukturen zu integrieren, ihnen Raum zu geben und Öffentlichkeit für eigene Aktivitäten. Da ist noch viel Bewußtseinsarbeit zu leisten bei uns. Bei euch in der

Bundesrepublik habe ich Leute immer von ‹Behinderten und Nichtbehinderten› reden gehört. Das setzt beide gleich, und das finde ich richtig. Bei uns gibt es das nicht, bei uns heißt es Behinderte und Normale. Dieses kleine Beispiel schon zeigt, wie wichtig internationale Kontakte sind. Wir brauchen eure Erfahrungen aus den Alternativbetrieben und andere Erfahrungen mit Selbstverwaltung. Wir brauchen High Tech und eure Erfahrungen im Umgang damit. Wir brauchen Kultur auf allen Ebenen – im Geschäftsleben, in der Politik – eine Kultur der Demokratie. Das alles, die Kontakte mit euch im Westen, stelle ich mir vor als eine vielfältige Diplomatie von unten.»

Informelle im Staatsbetrieb?

Der Weg fließt dahin, ja, ich gehe nicht auf ihm
Auf dem Weg galoppieren Füße, Rippen und Brust des Shiguli[1]
Ich bohre 103 Löcher
Ich muß noch 'nen halben Tag malochen,
In der Fabrik, auf dem Kohlepapier lerne ich tanzen...
Breakdance...

DDT: Breakdance[2]

Die Arbeiter und Arbeiterinnen, so heißt es oft, stünden der Perestroika abwartend bis ablehnend gegenüber. Für das Gros mag das wohl stimmen. Ein Teil hatte sich gut eingerichtet mit den alten Verhältnissen, ein anderer Teil glaubt nicht an positive Veränderungen, solange sie nicht greifbar vor ihm liegen. Doch sollte darüber nicht übersehen werden, daß es durchaus auch in den Betrieben eine aktive Minderheit für radikale Reformen gibt. Streiks gegen Lohnkürzungen, gegen das Management oder die lokale Verwaltung finden gelegentlich statt. Mehr als alles andere brachten aber die Wahlkampagne und der Kongreß der Volksdeputierten die Menschen auf die Beine, auch die in den Arbeitskollektiven der Staatsbetriebe. Während der Kongreßsitzungen kam fast überall die Arbeit zum Erliegen, weil die Beschäftigten im Fernsehen die Vorgänge und Diskussionen mitverfolgten.

Wie steht es nun mit der Situation in den Betrieben? Mit dem «Gesetz über die Staatsbetriebe» vom 1.1.88 wurden Eigenfinanzierung und Selbstverwaltung als Ziele verankert. Die Passagen über die Selbstverwaltung gehören zu den wichtigsten Seiten dieses Gesetzes, das u. a. die Wahl der Fabrikdirektoren durch die Arbeitskollektive vorsieht und insgesamt sehr weite Möglichkeiten eröffnet. Demnach wäre es möglich, den gleichen Grad von Selbstverwaltung, der in den

1 Sowjetische Automobilmarke
2 Wortspiel: «Brak» kann im Russischen auch «Schrott, Ausschuß» heißen, Breakdance wäre dann Schrott-Tanz.

Kooperativen realisiert wird, auch in den Fabriken zu praktizieren; das Management könnte wirklich von den Beschäftigten kontrolliert werden. Doch die betriebliche Realität wird, wie immer, vom jeweils gegebenen Kräfteverhältnis bestimmt. Die konservativen Verwaltungen, gerade in der Wirtschaft, gehören heute zu den gefürchtetsten «Bremsmechanismen» in der gesamten Sowjetunion.

Die «Räte der Arbeitskollektive», bereits 1985 eingeführt, sollen als Hauptinstrumente der Demokratisierung der Betriebe, der Mitsprache und Kontrolle der Belegschaft wirken. Doch diejenigen, die wie das BELAS-Werk (Belorussische Automobilwerke) von Anfang an einen solchen Rat wählten, machten inzwischen die Erfahrung, daß «es verschiedene Bestimmungen gibt, die die Handlungsfreiheit einschränken. Besonders betrifft das finanzielle Fragen. So dürfen wir zum Beispiel das Geld nicht von einem Titel auf einen anderen, von einem Projekt auf ein anderes übertragen», so der Vorsitzende Jewgeni Schuljak.

Hinderlich für die Herausbildung einer Interessenvertretung der Belegschaft im Betrieb ist die Tatsache, daß häufig genug die «alten» Leute aus der Breschnew-Zeit die neuen Institutionen weiterhin besetzen und keineswegs die wirkliche Wahl von Räten der Arbeitskollektive oder gar des Direktors selbstverständlich geworden ist. Die Mentalität, ohnehin nichts beeinflussen zu können oder sich selbst nur für ein kleines Rädchen und damit nicht für kompetent zu halten, hat sich tief eingefressen und ist letztlich auch Basis für die Fortdauer der alten Verhältnisse unter einer neuen Schale. Ein Beispiel: In einem größeren Moskauer Automobilwerk mit 60000 Beschäftigten wurden die ersten Wahlen zu den Räten der Arbeitskollektive angekündigt. Die Belegschaft wurde aufgefordert, dafür Kandidaten und Kandidatinnen aufzustellen. Die Betriebsversammlung wurde für sechs Uhr abends einberufen. Dort gab der Direktor bekannt, 150 Leute seien zu wählen. Die meisten Leute wußten gar nicht, was sie damit anfangen sollten, und wollten überdies nach Hause. Der Vorschlag, Kandidaten zu benennen, zu befragen und schließlich zu wählen, hatte keine Chance: Eine Anhörung hätte eine Woche gedauert, und im Handumdrehen wurde eine vorbereitete Liste von oben präsentiert und gewählt. Die Versammlung ließ sich auch noch ein zweites Mal ihre tatsächlichen Rechte abkaufen. Anstatt über die künftigen Aufgaben und Aktivitäten des Rats gemeinsam zu beraten, fielen sie auf das Angebot der Geschäftsleitung herein, die auf einer anderen Etage einen seltenen Film vorführen ließ. Zur Beratung zog sich der von oben handverlesene Rat ungestört zurück.

Das Problem liegt weniger am Gesetz, sondern am mangelnden Engagement, an der mangelnden «Kultur» in den Betrieben. Dieses Blatt zu wenden – dem haben sich die wenigen informellen Gruppen in den Betrieben verschrieben. Zu einer solchen in jenem Moskauer Autowerk gehört Lena. Für sie sind zwei Richtungen in der Arbeit der informellen Gruppen wichtig. Einmal, die Verteidigung der Rechte der Beschäftigten, was in der Regel von den Gewerkschaften ebensowenig wahrgenomnmen wird wie von den Räten der Arbeitskollektive. Zum anderen muß damit begonnen werden, die «Kultur des Bewußtseins», aber auch die «Kultur demokratisch bestimmter Arbeit» zu entwickeln.

Wie arbeiten diese betrieblichen informellen Gruppen? Nach Lena auf zwei Ebenen, einmal durch eigene Arbeits- oder Initiativgruppen, zum anderen in der Auseinandersetzung mit dem Management durch Druck über die formellen Kanäle. Soll z. B. gegen Samstagsarbeit protestiert werden, organisiert Lenas Gruppe eine Unterschriftenkampagne im betroffenen Arbeitskollektiv und legt das dann der offiziellen Gewerkschaft, dem Parteikomitee und dem Management vor. Wenn keine positive Reaktion kommt, bleibt eigentlich nur noch der Streik, aber, so sagt sie, das betrachte sie nicht in jedem Fall als die beste Lösung. Rechtliche Regelungen für Streiks oder andere Formen der Auseinandersetzung in den Betrieben gibt es bislang nicht. Lena hofft, daß wie in Ungarn bald auch in der UdSSR Streiks als etwas Normales anerkannt, nämlich rechtlich geregelt werden.

Überbetriebliche Koordination zwischen den informellen Gruppen und die Zusammenarbeit von Arbeitern und Intelligenzija ist das, was nottut. Ein Anfang wurde im Februar 1988 mit der Konferenz über Selbstverwaltung gemacht. Im Ergebnis organisierte sich eine Union von Arbeiterklubs für Selbstverwaltung, die wichtige Impulse gab für die Entwicklung der informellen Arbeiterklubs. Von der Dolmetscherkabine aus behielt der KGB die Konferenz während ihrer gesamten Dauer unter strikter Beobachtung. Die offizielle Seite befürchtete, daß dort eine neue Arbeiterpartei proklamiert werden würde, was die KPdSU in weit größeren Legitimationsdruck brächte als eine Formation wie die «Demokratische Union».

Die Streiks vom Juli 1989

Einige sagen, es ist nicht sozialistisch, Konflikte durch einen Streik zu lösen. Aber Streiks sind nicht «sozialistisch» oder «kapitalistisch», Streiks sind ein Mittel, das verzweifelte Menschen ergreifen, wenn alle anderen Methoden nichts gebracht haben.

Juri Golik, Mitglied des Obersten Sowjet der UdSSR

Im Juli 1989 geschah das Erstaunliche, was gleichwohl erwartet hätte werden können: Hunderttausende von sowjetischen Arbeitern und Arbeiterinnen streikten! Das war, wie ein Beobachter vor Ort, Michail Lewin, mit Recht feststellte, der «erste offene Massenaufstand gegen den bürokratischen Absolutismus», der sich aller Perestroika zum Trotz noch allenthalben in den Institutionen hält.[1]

Der Streik folgte in vielem dem Muster, das aus anderen osteuropäischen Ländern, vor allem Polen, bekannt ist. Aus einem Ausstand gegen unerträgliche Lebens- und Arbeitsverhältnisse entwickelte sich in Windeseile ein weitgefächerter Katalog, der wirtschaftliche und soziale Forderungen mit solchen nach tiefen politischen Veränderungen verbindet. Die Bergarbeiter im sibirischen Kohlenbecken von Kusnezk und später auch die im Dongebiet legten die Arbeit nieder, um dagegen zu protestieren, daß der eingeschlagene Reformweg zu langsam vorangeschritten wird und sich für sie fühlbar noch nichts zum Besseren gewendet hat. Konkret: Obwohl ihre Kohle gute Gewinne abwirft, müssen sie sich mit geringen Löhnen zufriedengeben. Sie rebellierten dagegen, daß sie für ihr schwer verdientes Geld weder menschenwürdigen Wohnraum noch eine angemessene Ernährung kaufen können, ja, noch nicht einmal ausreichend Seife. Noch am Beginn des Streiks wurden die Fleischabteilungen der Geschäfte mit nichts anderem als dem üblichen, nämlich bereits grün angelaufener Wurst und Knochen beliefert.

Glasnost funktionierte diesmal, wurde nicht ausgesetzt, wie es bei anderen kritischen Situationen – Tschernobyl oder Nagornyj Kara-

1 Michail Lewin: Zehn Tage, die ... Unveröffentl. Manuskript, Moskau 1989.

bach – der Fall gewesen war. Die Sowjetmenschen erfuhren vom Streik aus ihren eigenen Medien. Bilder, die vielsagender als alle Worte den Alltag der Grubenarbeiter und ihrer Familien beschreiben, warben für die Berechtigung des Arbeitskampfes: vorsintflutliche Arbeitsbedingungen in den Zechen, Barackenbehausungen mit unzulänglicher Wasser- und Elektrizitätsversorgung für Zehntausende Familien. Die Menschen, die einen der wichtigsten Rohstoffe und Ausfuhrgüter der UdSSR zutage fördern, zahlen teuer: mit ihrem eigenen Leben. Während des Streiks stellte die örtliche Presse im Kusbass folgende Rechnung auf: «In neun Jahren Krieg in Afghanistan fielen ungefähr 15000 sowjetische Soldaten. Im gleichen Zeitraum starben in den Zechen unter der Verwaltung des Ministeriums für die Kohleindustrie 10000 Menschen – pro einer Million Tonne geförderter Kohle geht ein Mensch dabei drauf.»

Vorwarnungen hatte es reichlich gegeben. Schon 1986 stellte der damalige erste Sekretär des Bezirksparteikomitees von Kemerowo (Kusbass) auf dem 27. Parteitag der KPdSU fest, daß die Beschäftigten in den Zechen in sozialer und kultureller Hinsicht, in der Versorgung mit Wohnungen und Wohlfahrtseinrichtungen schlechter dran seien als andere Arbeiter. Sein Nachfolger Melnikow schilderte die Probleme im April 1989 dem ZK in noch weit drängenderen Worten: «Bei uns fehlt es an allem, außer an Schwierigkeiten. Die Probleme erreichen einen kritischen Punkt.» Fühlbare Besserungen waren jedoch ausgeblieben.

Mit den Streiks vom Juli nahmen die Arbeiter die Dinge in die eigenen Hände. Die Streikkomitees in Meshdureshensk, Workuta, Prokopjewsk, Makajewka und anderen Städten der beiden großen Kohlereviere wurden nahezu sofort als die einzige wirkliche Autorität am Ort anerkannt. Das bestätigen Augenzeugenberichte ebenso wie die Ergebnisse einer Umfrage der *Moskowskie Nowosti*: während 43–50% (je nach Ort) dem Streikkomitee der eigenen Grube vertrauten und 33–40% dem regionalen Streikkomitee, betrachtete keiner der Arbeiter und nur 2% der Techniker und Ingenieure das Management, die Gewerkschafts- oder Parteikomitees als vertrauenswürdig.

Tatsächlich erlebten in den Streikwochen einige Millionen Menschen, daß alles Lebensnotwendige ohne Partei- und Gewerkschaftskomitees organisiert werden kann, ja, daß diese Körperschaften selbst sich nunmehr an die Streikkomitees wandten, um sich zu beraten oder gar um etwas durchzusetzen. Direkte Demokratie entfaltete sich –

nicht allein in Gestalt der Streikkomitees auf Gruben-, Stadt- und Bezirksebene. Vielmehr kamen auf den zentralen Plätzen der betroffenen Städte täglich Tausende zusammen. Mit den Grubenarbeitern, die aktiv streikten, solidarisierten sich viele Menschen aus anderen Betrieben und aus der Wohnbevölkerung. Auch sie kamen auf die Straßen und Plätze, um sich über aktuelle Situationen und die nächsten Schritte zu informieren und darüber zu diskutieren. Die Forderungskataloge wurden von diesen Volksversammlungen erörtert und letztlich abgestimmt. Das war oft kompliziert. Es zeigte sich, daß auch die spontane Demokratie gelernt sein will. So berichtet der Vorsitzende des Bezirksstreikkomitees von Prokopjewsk und Abgeordnete für den Volksdeputiertenkongreß der UdSSR, Tejmuras Avaliani, nicht nur von den langen Debatten, die nötig waren, um die Vielzahl lokaler Forderungen zu vereinheitlichen, sondern auch davon, daß die Versammlung mitunter innerhalb weniger Stunden sich widersprechende Wünsche jeweils mit großen Mehrheiten befürwortete.

Von den Brot-und-Butterfragen kamen die Streikenden schnell zu grundsätzlichen Schlußfolgerungen. Politische Forderungen wie die vollständige Abschaffung der Zensur wurden laut in einem Streik, von dem die Beteiligten immer wieder betonten, er sei «nur» sozial und ökonomisch. Doch auch die wirtschaftlichen Programme erweisen sich als eminent politisch – wie auch nicht, wenn der Staat fast immer noch die gesamte Wirtschaft bestimmt? Regionale und betriebliche Selbstfinanzierung, eines der Herzstücke der Perestroika, wurde zur Hauptlosung der Kohlearbeiter: «Wir wollen keine Almosen, keine sogenannten Subsidien, sondern das, was wir mit unserer Hände Arbeit erwirtschaften.» Die alte Losung der polnischen Solidarność, daß die Arbeiter Herren im eigenen Hause sein müßten, wie es die sozialistische Theorie immer wieder versprochen hatte, münzte man im Donbass und im Kusbass in das Verlangen um, die Arbeiter müßten frei über die Eigentumsform ihrer Betriebe entscheiden können, also darüber, ob ihre Zeche hinfort weiter als Staatsbetrieb oder als Kooperative, in einer Mischform aus beiden oder unter einem Pachtsystem weiterarbeiten soll. Die dritte Hauptforderung war und ist, die Möglichkeit zu haben, die geförderte Kohle in eigener Regie nach vertraglich festgelegten und den Kosten entsprechenden Preisen zu verkaufen. Damit ist selbstverständlich das Problem einer umfassenden Preisreform angetippt.

Daß hierbei die Crux gleichwohl in den Details liegt und der bloße

Ruf nach Selbstfinanzierung noch kein Konzept ist, haben Leute wie der Streikführer Avaliani klar erkannt. Er und viele seiner Mitstreiter vermißten schmerzlich die Hilfe intellektueller Fachleute. Von ihnen hat er erwartet, daß sie Vorschläge erarbeiten, wonach die Arbeiter von der eigenen Arbeit besser leben als bisher und vor allem die Kontrolle über die Arbeit und ihre Ergebnisse behalten, gleichwohl aber nicht die Konkurrenz der Einzelbetriebe, wie etwa in Jugoslawien, den Zusammenhalt der Gesamtwirtschaft völlig untergräbt.

Streiks werden legitim

Wie waren die Reaktionen von Partei und Staat auf die Streiks?

Auch hier zeigte sich bei allen Zickzacks im einzelnen, daß das «neue Denken» in den letzten vier Jahren eine gehörige Wegstrecke zurückgelegt hat. Wenn Streiks in der Vergangenheit de facto geächtet waren, herrschten nun, trotz aller Furcht vor den wirtschaftlichen Konsequenzen des Ausstands für die Perestroika, Verständnis für die Arbeiter und ihre Forderungen vor. «Die Arbeiter nehmen die Dinge fest in ihre Hände. Das ist es, was mich sehr ermutigt, obwohl die Situation dramatisch ist», sagte dazu Michail Gorbatschow. Die Disziplin der Streikenden, die selbst immer wieder betonten, man wolle und brauche kein «zweites Karabach», keine Totalkonfrontation, wurde immer wieder mit Bewunderung und Erstaunen beschrieben: es kam zu keinen Plünderungen und zu keinen Gewalttätigkeiten. Die Milizionäre arbeiteten, so in Berichten aus Prokopjewsk, «als Spezialisten für die öffentliche Ordnung» mit dem Streikkomitee zusammen. Ebenso wie in den Solidarność-Streiks in Polen verhängten die Streikkomitees ein absolutes Alkoholverbot. Es wurde eisern eingehalten – obwohl plötzlich z. B. in Novokuznezk ein Lastwagen voll Wodka auftauchte. Er wurde noch nicht einmal entladen.

Die Streikenden stimmten schließlich der Wiederaufnahme der Arbeit zu, obwohl noch nicht alle ihre Forderungen erfüllt wurden. Ein Zwei-Milliarden-Rubel-Programm zur Verbesserung der Versorgungslage in den Kohlerevieren wurde von der Regierung zugesagt; der Übergang zur Selbstfinanzierung der Gruben soll bis zum Jahreswechsel vollzogen sein. Die Streikkomitees blieben erhalten, um die Realisierung der Zusagen zu überwachen. Seit dem Streik nennen sie sich «Arbeiterkomitees», denn sie beabsichtigen, diese Strukturen als die wirkliche Vertretung der Arbeiter zu verfestigen. Tatsächlich wurde Anfang August aus Workuta berichtet, daß das Arbeiterkomitee zur «einflußreichsten Kraft in der Stadt geworden sei».

Daß Streik ein legitimes Mittel der Auseinandersetzung ist, wird seit den Julitagen im Kusbass und Donbass öffentlich in der UdSSR anerkannt. Die meisten, die Streikenden selbst eingeschlossen, betrachten ihn allerdings als extremes Mittel von Notwehr etwa im Sinn des oben zitierten Juri Golik. Die rechtliche Regelung von Arbeitskonflikten und Streiks steht damit auf der Tagesordnung. Erste Entwürfe, die weitgehend auf den Kriterien der Internationalen Arbeitsorganisation in Genf beruhen, wurden ausgearbeitet. Von den radikaleren Kräften, z. B. auch Streikführern der Grubenarbeiter, wird geltend gemacht, die Vorstufen und Schlichtungsverfahren nicht derart zu komplizieren, daß für die Eigenaktivität der Arbeiter und Arbeiterinnen kein Raum mehr bleibt.

Weitergehender noch als die Problematik der legalen Streiks ist die brisante Gewerkschaftsfrage, die durch die Kumpel von einem Punkt unter vielen auf einen der vorderen Plätze der politischen Tagesordnung katapultiert wurde. Die vorhandenen Gewerkschaften distanzierten sich zwar von den Streikenden nicht, aber sie wurden eben auch nicht als Interessenvertretung anerkannt. Ihnen blieb eine, wenn auch wichtige, Randrolle: sie versorgten die Streikenden mit warmem Essen. In einer Kontroverse zwischen Teimuras Avaliani und dem Vorsitzenden des sowjetischen Gewerkschaftsbunds Stepan Schalajew in der *Moskowskie Nowosti* unterstreicht der Streikführer, daß Schalajew als Mitglied der Regierungskommission ins Streikgebiet gekommen sei, was genau der Rolle der Staatsgewerkschaft entspreche, die die sozialen Fragen der Arbeiter stets in Verhandlungen und engster Zusammenarbeit mit den staatlichen Behörden zu lösen bestrebt ist. Ruhige Fahrwasser und stille einvernehmliche Gespräche hinter mehr oder weniger geschlossenen Türen, die Organisation von Ferienaufenthalten u. ä., was das bisherige Dasein des Gewerkschaftsverbands kennzeichnete, bringt dieser Organisation unter heutigen Bedingungen nur Verachtung ein. Ob es gelingt, einen der mächtigsten bürokratischen Dinosaurier zu einer tatsächlichen Gewerkschaft «umzubauen», steht dahin. Zweifel sind angebracht, um so mehr, als das polnische Beispiel die Botschaft vermittelt, daß es sich mehr lohnt, neu anzufangen.

Der unaufhaltsame Weg

Die informelle Bewegung ist ein für die sowjetische Gesellschaft neues Phänomen. Sie kündet von einer tiefgreifenden Politisierung der gesamten Gesellschaft. Immer weniger Menschen nehmen widerspruchslos hin, was ihnen «von oben» geboten oder befohlen wird. Statt vor der einstmals allmächtig scheinenden Bürokratie zu kapitulieren, entdecken sie ihre eigene Macht. In einem oft schmerzhaften Prozeß emanzipiert sich die Gesellschaft vom Staat.

Der Wandel wird deutlich, vergleicht man die «klassische» Dissidentenbewegung der Breschnewzeit mit den politischen Gruppen heute. Das Weltbild der meisten Dissidenten war manichäisch: dort die «Macht», von der alle Verbrechen, aller Lug und Trug ausging, hier die integren Kämpfer für Freiheit und Gerechtigkeit. Diese Weltsicht entsprach der Realität insofern, als die Staatsmaschine sich als wesentlich unbeeinflußbare, fremde Kraft darstellte, die gleichwohl durch Gewalt und Übermächtigkeit die Mehrheit der Gesellschaft wenigstens im Sinne von Gehorsam zu integrieren vermochte. Demgegenüber standen die Dissidenten isoliert. Eine positive politische Perspektive war nicht in Sicht. So wurde oppositionelle Politik immer mehr zum moralischen Standpunkt.

Die informellen Gruppen heute haben demgegenüber Zugang zu Politik, die ja ohne die Möglichkeit des öffentlichen Diskurses nicht denkbar ist. Sie haben deswegen die Chance, zur «Macht» ein differenziertes Verhältnis zu entwickeln. Sie verharren nicht mehr in prinzipieller Frontstellung, sondern suchen und finden bündnisbereite Kräfte in allen Institutionen, besonders dem Komsomol und der Partei, vor allem aber in den sich erneuernden Sowjetstrukturen.

Betrachtet man die informelle Szenerie, fallen zwei markante Unterschiede auf: Die nichtrussischen Republiken reagieren unterschiedlich auf die Bewegung «von oben». Esten, Litauern, Georgiern oder Armeniern gelingt es sehr viel leichter, Massensolidarität zu organisieren. Die Verteidigung der eigenen Kultur oder direkt erlittenes Unrecht bringt die Völker rasch zusammen gegen die Übermacht der Großrussen. Andere Republiken haben solche Anknüpfungspunkte für breite Vereinigungsbewegungen erst einmal nicht. Positiv sich auf die russische Kultur zu beziehen, die ja auch unter der «Sowjetisierung» gelitten hat, ist unendlich viel schwerer, jedenfalls für die, die nicht in die Falle des Chauvinismus und der Ewiggestrigen tappen wollen. Der zweite bemerkenswerte Unterschied ist der zwischen Metropolen und Provinz. Gerade der Volksdeputiertenkongreß bewies das Reformdefizit der Provinz auf für radikale Kräfte deprimierende Art. Die Perestroika-Enthusiasten aus den Hauptstädten wurden immer wieder von der schweigenden Mehrheit vom Lande in Grund und Boden gestimmt. Die Gründe liegen auf der Hand. Zu lange – auch noch unter Gorbatschow – sah sich die Provinz stiefmütterlich behandelt. Alle kulturellen und politischen Aktivitäten, fast alle Kontakte mit dem Ausland konzentrieren sich in einer Handvoll Städte. Wer etwas werden will oder etwas von der Welt sehen will, versucht, koste es was es wolle, nach Moskau, Leningrad, Kiew oder Riga zu ziehen. Die Verödung der Provinz bereitete den Boden dafür, daß sich dort die überkommenen Strukturen bewahren lassen und Parteibonzen immer noch weitgehend ungestört schalten und walten. Das wird nun immer mehr zum Problem für die Reformer. Eine Lösung ist aber noch nicht in Sicht.

Wie wird es weitergehen? Vieles, wenn nicht alles, hängt ab von der wirtschaftlichen Entwicklung. Sie ist die Achillesferse des gesamten Perestroikaprojekts. Schon heute nimmt die Unzufriedenheit der Sowjetbürger über leere Läden und schlechte Berufsaussichten bedrohliche Formen an, wie die Konflikte vom Juni in Mittelasien zeigten. Bedrohlich für viele Informelle ist gerade auch die Aggressivität, die den Kooperativen entgegenschlägt. – Die informelle Bewegung ist andererseits gut genug in der Bevölkerung verwurzelt, als daß sie völlig wieder unterdrückt werden könnte. Zuviele Menschen engagieren sich schon für Umweltschutz oder Menschenrecht, gegen Stalinismus oder Filz. Die Verbreiterung der Bewegung wird, so nicht die Perestroika insgesamt scheitert, weitergehen. Damit geht auch ein Differenzierungsprozeß einher. Dieser entzündet sich einmal am Zerfall des offizielen Monolithismus, zum anderen aber daran, daß die Öffnung der politischen Institutionen taktische Wahlmöglichkeiten eröffnet und verschiedene politische Wege plausibel erscheinen läßt.

Die Informellen stehen somit heute selbst in einer Übergangssituation. Es geht aber nicht mehr darum, ob es Bewegung von unten geben wird, sondern wie es sie geben wird.

Chronik der Perestroika

1985

11. März	Michail S. Gorbatschow wird zum Generalsekretär der KPdSU gewählt.
19.–21. November	Erstes Gipfeltreffen Gorbatschows mit US-Präsident Reagan in Genf.
24. Dezember	Boris Jelzin wird Parteichef von Moskau.

1986

25. Februar–6. März	XXVII. Parteitag der KPdSU.
26. April	Katastrophe im Kernkraftwerk von Tschernobyl.
16. August	Das Politbüro gibt offiziell den Plan zur Umleitung sibirischer Flüsse auf. Dieser Beschluß wird als erster Sieg der sowjetischen Ökologiebewegung gewertet.
11.–12. Oktober	Zweites Gipfeltreffen Gorbatschows und Reagans auf Island.
17./18. Dezember	Wegen der Ablösung des kasachischen KP-Chefs Kunajew durch den Russen Kolbin kommt es in Alma-Ata zu nationalistischen Unruhen.
23. Dezember	Andrej Sacharow trifft nach siebenjähriger Verbannung wieder in Moskau ein.

1987

28. Mai	Michael Rust landet auf dem Roten Platz.
21. Juni	Bei Kommunalwahlen treten in einigen Wahlbezirken erstmals mehrere Kandidaten an.
Juli	Die Krimtataren demonstrieren auf dem Roten Platz für die Rückkehr in ihre alte Heimat.
23. August	In Litauen und Lettland finden am Jahrestag des Hitler-Stalin-Paktes erstmals Demonstrationen statt.
2./3. November	Feiern zum 70. Jahrestag der Oktoberrevolution.
11. November	Boris Jelzin verliert sein Amt als Moskauer Parteichef, später auch seine Mitgliedschaft im Politbüro.

1988

4. Februar	Nikolai Bucharin und Alexander Rykow werden offiziell rehabilitiert.
15. Februar	Der Bau am umstrittenen AKW Krasnodar wird aufgrund massiver Bürgerproteste eingestellt.
19./20. Februar	Beginn des Konfliktes um Berg-Karabach mit Demonstrationen in Stepanakert und Eriwan.
28. Februar	In Sumgait werden Dutzende Armenier von aufgeputschten Aserbaidschanern ermordet. In den folgenden Tagen Massendemonstrationen in Armenien.
18. März	Der Sowjet von Berg-Karabach fordert die Angliederung des Gebietes an Armenien.
14. April	Unterzeichnung des Afghanistan-Abkommens in Genf. Darin enthalten ist der Zeitplan für den Rückzug der sowjetischen Truppen.
7.–9. Mai	Gründungskonferenz der Demokratischen Union. 60 Teilnehmer werden festgenommen.
26. Mai	Verabschiedung des Gesetzes über das Genossenschaftswesen im Obersten Sowjet. Es erleichtert die Gründung von Privatbetrieben.
29. Mai	Reagan besucht die Sowjetunion.
5. Juni	Beginn der 1000-Jahr-Feiern der Christianisierung Rußlands.
14. Juni	Der Oberste Sowjet Armeniens spricht sich für den Anschluß Berg-Karabachs an Armenien aus.
25. Juni	Die alte blau-schwarz-weiße estnische Fahne wird vom estnischen Obersten Sowjet legalisiert.
28. Juni	Beginn der 19. Unions-Parteikonferenz.
5. Juli	Sicherheitskräfte stürmen den von Demonstranten besetzten Flughafen von Jerewan.
20. Juli	Ausweisung des armenischen Nationalistenführers Airikjan.
Juli	Gründung der von Russen getragenen «Interfront» in Estland.
21. September	Verhängung des Ausnahmezustandes über Berg-Karabach und einige andere Gebiete.
1. Oktober	M. S. Gorbatschow wird neues Staatsoberhaupt der UdSSR. Bereits tags zuvor war es zu wichtigen Umbesetzungen an der Spitze der KPdSU gekommen.
1./2. Oktober	Gründungskongreß der estnischen Volksfront («Rahvarinne»).
9. Oktober	Gründung der lettischen Volksfront.
20. Oktober	Sacharow wird ins Präsidium der Akademie der Wissenschaften gewählt.

22./23. Oktober — Gründungskongreß der litauischen «Bewegung für die Perestroika» («Sajudis»).

16. November — Der Oberste Sowjet von Estland beschließt eine «Souveränitätserklärung». Gesetze der UdSSR werden in Estland künftig nicht mehr automatisch übernommen.

17. November — In Litauen wird die alte gelb-grün-rote Fahne wieder eingeführt; außerdem wird Litauisch Staatssprache.

1. Dezember — Der Oberste Sowjet beschließt eine neue Verfassung sowie ein neues Wahlgesetz. Insbesondere ist die Bildung eines «Kongresses der Volksdeputierten» und eines aus ihm zu bildenden verkleinerten «Obersten Sowjets» mit Berufsparlamentariern vorgesehen.

7. Dezember — Ein verheerendes Erdbeben verwüstet Armenien.

30. Dezember — Der Breschnew-Schwiegersohn Tschurbanow wird wegen Bestechlichkeit zu 12 Jahren Haft verurteilt.

1989

18. Januar — Alle Beschäftigten des öffentlichen Dienstes Estlands müssen innerhalb von vier Jahren die estnische Sprache beherrschen.

22. Januar — Demonstranten fordern in Moldawien die Erhebung des Moldauischen zur Staatssprache sowie die Wiedereinführung des lateinischen Alphabets.

2. Februar — Die estnische Volksfront wird offiziell anerkannt.

15. Februar — Die UdSSR beendet vertragsgemäß den Abzug ihrer Truppen aus Afghanistan.

Februar — Erstmals werden die Jahrestage der Unabhängigkeitserklärungen in den baltischen Republiken offiziell begangen.

12. März — Beginn der Wahlen zum Kongreß der Volksdeputierten.

26. März — Das offizielle Ergebnis des 1. Wahlganges wird bekannt. Boris Jelzin erhält in Moskau über 90%.

31. März — Abschluß des Gründungskongresses der Vereinigung der Sowjetdeutschen.

8./9. April — Nationalistische Demonstrationen in Tiflis.

25. Mai — Der Kongreß der Volksdeputierten tritt zusammen.

3. Juni — Beginn der Ausschreitungen von Usbeken gegen die von Stalin aus dem Kaukasus deportierten Mescheten im Fergana-Tal.

16. Juni — Beginn der sozial motivierten Unruhen gegen Kaukasier im kasachischen Nowy Usen.

Juni — Gründungen der Volksfronten in Georgien und Weißrußland nach baltischem Vorbild.

Juli	Bergarbeiterstreik im sibirischen Kussbass und ukrainischen Donbass.
	Streik der russischen Minderheit Estlands gegen das neue Wahlrecht der Republik.
	Nationalistische Unruhen in der Autonomen Republik Abchasien zwischen Abchasiern und Georgiern.
30. August	In der Moldawischen Sowjetrepublik wird die Erhebung des Moldawischen zur Staatssprache und die Wiedereinführung des lateinischen Alphabets beschlossen.

Literaturauswahl

AFANASSEW, JURI (HG.): Es gibt keine Alternative zu Perestroika, Glasnost, Demokratie und Sozialismus. Nördlingen 1988.

Alexandrova, Olga: Informelle Gruppen und Perestroika in der Sowjetunion: Eine Bestandsaufnahme. Berichte des Bundesinstituts für ostwissenschaftliche und internationale Studien. (BIOst) 18–1988, Köln.

BEYRAU, D./EICHWEDE, W. (HG.): Auf der Suche nach Autonomie. Bremen 1987.

BRAHM, HEINZ: Die Sowjetunion – eine konservative Gesellschaft? Osteuropa 7/1982.

ENGEL, CHIRISTINE: Leser und Literaturbetrieb. Osteuropa 4/1989.

ENGERT, STEFFI: Nationale Frage und Dissidenten nach Stalin. Unveröffentl. Magisterarbeit. Düsseldorf 1976.

Dies.: Tapetenwechsel im Kreml. Horizonte-Info 4/5. Köln 1988.

Dies.: Selbstbestimmung ja aber. Ebd.

Dies.: Ein Schritt vorwärts – zwei zurück. Frauen in der Perestroika. Ebd.

Dies.: Die neue Linke in der Sowjetunion. taz 19.4.88.

Dies./PELMAN, GRIGORI: The good, the bad and the ugly, Kooperativen in der Sowjetunion. taz 15.6.89.

GLESER, ALEXANDER: Kunst gegen Bulldozer. Berlin 1982.

GLIJER, IGOR: Die paradoxe Tragödie der Volksherrschaft. Kontinent 31/1984.

GOTZES, ANDREA: Theaterstudios in Moskau. Osteuropa 4/89.

HALBACH, UWE: Aktuelle Entwicklungen in der nationalen Bewegung der Krimtataren, BIOst 11/88.

Ders.: Ethnische Beziehungen in der Sowjetunion und nationale Bewußtseinsprozesse bei den Nichtrussen. BIOst 8/89.

KAGARLITSKY, BORIS: Glasnost, Literatur und Presse. Kontinent 3/1988.

Ders.: The Dialectic of Change. New Left Review 169. London Mai–Juni 1988

LIPOWSKAJA, OLGA: Interview in Demokratitscheskaja opposizija. No. 4, Leningrad 1988.

MEDVEDEV, ZHORES: Der Generalsekretär. Darmstadt/Neuwied 1987.

MEISSNER, BORIS: Bilanz der Breschnew-Ära. Aus Politik und Zeitgeschichte B7, 1983.

Offene Worte. Sämtliche Beiträge und Reden der 19. Gesamtsowjetischen Konferenz der KPdSU in Moskau. Nördlingen 1988.

PELMAN, GRIGORI: Neformalnye kluby Moskvy, Forum 1/1989, München.

PESCHLER, ERIC A. (HG.): Künstler in Moskau. Schaffhausen 1988.

SCHMIDT-HÄUER, CHRISTIAN/HUBER, MARIA: Rußlands zweite Revolution. München 1987.

Sowjetkunst heute – Ausstellungskatalog, Köln 1988.

WEIL, BORIS: Legalität und Untergrund zur Zeit des «Tauwetters». Kontinent 1/87.

WOLKOW, MIROSLAW: Lenin fliegt. Gedichte aus L 80. Heft 37, 1986.

ZERNACK, KLAUS (HG.): Handbuch der Geschichte Rußlands. Bd. 2, Stuttgart 1986.

Die Autoren

STEFFI ENGERT, M. A., geb. 1948, studierte osteuropäische Geschichte, Geschichte, Soziologie und Psychologie in Köln und Düsseldorf. Mitbegründerin der Gesellschaft für sozialwissenschaftliche Forschung und Publizistik (GFP) in Köln; mehrere Aufenthalte in der UdSSR sowie Organisation von politischen und kulturellen Begegnungen zwischen Westdeutschland und UdSSR. Verschiedene Veröffentlichungen über die aktuelle Lage in der UdSSR und besonders die informelle Bewegung sowie über Feminismus.

UWE GARTENSCHLAEGER, geb. 1962, studierte Geschichte, osteuropäische Geschichte, Politik und Philosophie in Berlin und Köln; mehrere Studienaufenthalte in der UdSSR.